AF854187

Droit du travail et législation sociale

Série Aide-mémoire

- Droit commercial et des affaires
  B. Hess-Fallon, A.-M. Simon
- Economie générale
  A. Beitone, C. Dollo, J.-P. Guidoni, J.-M. Lamotte et A. Legardez
- Vente, Action commerciale
  C. Demeure
- Economie d'entreprise
  G. Bressy, C. Konkuyt
- Droit fiscal
  Ch. Aimé, M. Rochedy
- Commerce international
  A. Guyomar, E. Morin
- Droit civil
  B. Hess-Fallon, A.-M. Simon
- Droit public
  A. Maurin
- Justice
  A. Héraud, A. Maurin
- Droit de la famille, droit de l'enfant
  B. Hess-Fallon, A.-M. Simon

10e édition

Aide mémoire

Droit du travail et législation sociale

Brigitte Hess-Fallon
Agrégée d'économie et gestion
Professeur au lycée Emile Zola d'Aix-en-Provence

Anne-Marie Simon
Agrégée d'économie et gestion
Ancien avocat à la Cour
Professeur au lycée Jean Perrin de Marseille

1996

SIREY

Éditions DALLOZ
31-35, rue Froidevaux, 75685 Paris Cedex 14

Table des matières

Liste des abréviations

ACOSS	Agence centrale des organismes de sécurité sociale
AGED	Allocation de garde d'enfants à domicile
AGEFIPH	Association (nationale) pour la gestion du fonds d'insertion professionnelle des handicapés
AGIRC	Association générale des institutions de retraite des cadres
AGS	Association (nationale) pour la gestion (du régime d'assurance) des salariés
ANACT	Agence nationale pour l'amélioration des conditions de travail
ANPE	Agence nationale pour l'emploi
AP	Assistance publique
APE	
APEC	Association pour l'emploi des cadres
APL	Aide personnalisé au logement
AR	Accusé de réception
ARRCO	Association des régimes de retraite complémentaire
Art.	Article
Art. L.	Article de loi
ASS	Allocation de solidarité spécifique
ASSEDIC	Association pour l'emploi dans l'industrie et le commerce
AUD	Allocation unique dégressive
AVTS	Allocation aux vieux travailleurs salariés
C. trav.	Code du travail
CA	Conseil d'administration
CAF	Caisse des allocations familiales
CAPEB	Confédération des artisans et petites entreprises du bâtiment
Cass. com.	Arrêt de la Cour de cassation, chambre commerciale.
Cass. soc.	Arrêt de la Cour de cassation, chambre sociale
CDD	Contrat à durée déterminée
CDI	Contrat à durée indéterminée
CDJ	Centre des jeunes dirigeants d'entreprise
CE	Comité d'entreprise
CERMI	Contrat pour l'emploi des bénéficiaires du RMI
CES	Contrat emploi solidarité
CFA	Centre de formation d'apprentis

CFDT	Confédération française démocratique du travail
CFTC	Confédération française des travailleurs chrétiens
CGC	Confédération générale des cadres
CGPME	Confédération générale des petites et moyennes entreprises
CGT	Confédération générale du travail
CGT-FO	Confédération générale du travail-Force ouvrière
Ch. soc.	Chambre sociale
CHSCT	Comité d'hygiène, de sécurité et des conditions de travail
CIE	Contrat initiative-emploi
CIO	Centre d'orientation et d'information
CIP	Contrat d'insertion professionnelle
CN PF	Centre national du patronat français
CNAF	Caisse nationale d'allocations familiales
CNAM	Confédération nationale de l'artisanat et des métiers
CPAM	Caisse primaire d'assurance maladie (régionale)
CRAM	Caisse régionale d'assurance maladie
CRDS	Contribution au remboursement de la dette sociale
CRE	Contrat de retour à l'emploi
CSG	Contribution sociale généralisée
DDASS	Direction départementale de l'action sanitaire et sociale
DDTEF	Direction départementale du travail et de l'emploi et de la formation professionnelle
DP	Délégué du personnel
DUE	Déclaration unique d'embauche
FNS	Fonds national de solidarité
IVG	Interruption volontaire de grossesse
JO	Journal officiel
L.	Loi
MICAPCOR	Mission centrale d'appui et de coordination des services extérieurs du travail et de l'emploi
OIT	Organisation internationale du travail
OMI	Office des migrations internationales
ONISEP	Office national d'information sur les enseignements et les professions
PAIO	Permanences d'accueil, d'information et d'orientation
PAP	Prêt d'accession à la propriété
PC	Prêt conventionné

RCS	Registre du commerce des sociétés
RMI	Revenu minimum d'insertion
SIFE	Stage d'insertion et de formation à l'emploi
SIVAV	Société d'investissement à capital variable
SMIC	Salaire minimum interprofessionnel de croissance
SRJ	Salaire de référence journalier
SUD	Solidaires, unitaires et démocratiques (syndicat)
TRILD	Temps réduit indemnisé de longue durée
UIMM	Union des industries métallurgiques et minières
UNEDIC	Union nationale pour l'emploi dans l'industrie et le commerce
UPA	Union professionnelle artisanale
URSSAF	Union de recouvrement des cotisations de sécurité sociale et d'allocations familiales
VRP	Voyageur représentant placier

1

Domaine et caractères du droit du travail

DOMAINE DU DROIT DU TRAVAIL

> *Le droit du travail est l'ensemble des règles juridiques applicables aux relations individuelles et collectives qui naissent entre les employeurs privés et leurs salariés, à l'occasion de leur travail.*

Le **droit** est l'ensemble des règles qui organisent la vie des hommes en société ; ceux-ci ont des rapports :

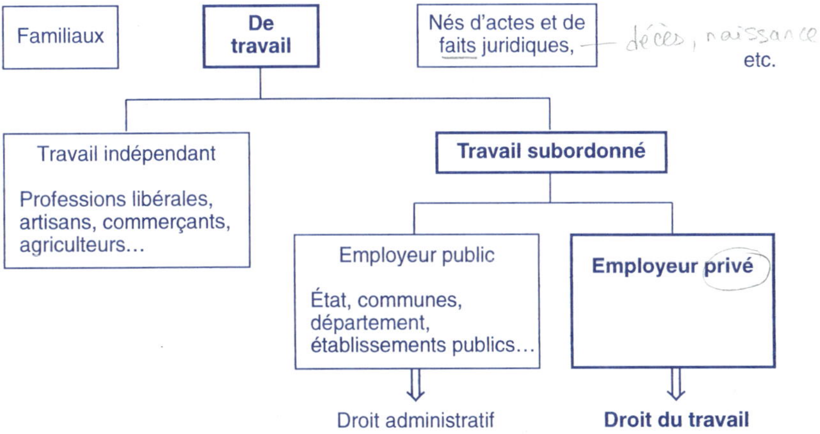

Le droit du travail est le droit du travail **subordonné.**

Il règle les rapports des salariés avec leur employeur, sous l'autorité duquel ils accomplissent un travail et reçoivent en échange un salaire.

Le droit du travail régit les relations privées de travail, qu'elles soient :

- **individuelles :** durée du travail, salaire, licenciement... ;
- **collectives :** représentation du personnel, conventions collectives, grèves...

CARACTÈRES DU DROIT DU TRAVAIL

• Le droit du travail est un droit

Protecteur	Son rôle premier et essentiel est de protéger les salariés.
Jeune	Il n'a commencé à s'affirmer que dans la seconde moitié du XIXe siècle.
Évolutif	Limité tout d'abord au monde ouvrier et à l'industrie, il s'est étendu à toutes les formes de travail subordonné ; réglant à l'origine seulement les rapports individuels (employeur-salarié), il détermine aussi les rapports collectifs, dans le cadre de l'entreprise ou de la nation. Depuis quelques années, ce dynamisme se ralentit ; les mesures prises visent plutôt à régler les problèmes du moment (emploi, flexibilité…).
Impératif mais de plus en plus **négocié collectivement**	Les lois du travail s'imposent à tous ; Ex. : un employeur ne peut pas payer ses employés en dessous du SMIC. Des conventions individuelles ou collectives peuvent prévoir des dispositions différentes de celles édictées par la loi, à condition qu'elles soient plus avantageuses pour le salarié. La flexibilité dans l'organisation interne de l'entreprise est de plus en plus admise.
Répressif	Des sanctions pénales (amendes et même emprisonnement) sont souvent prévues contre l'employeur qui ne respecte pas les lois du travail. En cas d'amende, le montant de celle-ci est en principe multiplié par le nombre de salaries concernés Ex. : 10 personnes travaillant dans un atelier insalubre : l'amende est multipliée par 10. Dans le nouveau Code pénal, applicable depuis mars 1994, les personnes morales sont responsables pénalement.
Parfois inefficace	– le « travail au noir » échappe à tout contrôle (1) ; – les infractions ne sont pas toutes constatées ; dans un contexte économique difficile, les salariés sont moins exigeants sur l'application du droit du travail dans l'entreprise ; – dans les relations collectives, les épreuves de force continuent à jouer un rôle prépondérant (grèves...).

(1) Le travail clandestin est cependant réprimé (voir p. 41).

• *C'est un droit très lié*

- Aux questions sociales et politiques : depuis la Seconde Guerre mondiale, le travail s'est profondément transformé ; les mutations technologiques ont entraîné sa tertiairisation, sa féminisation et une réduction de la durée effective du travail, mais aussi, plus récemment, sa précarisation. Le droit du travail peut, dans une certaine mesure, freiner ou accélérer ces évolutions.
- A l'économie : les réglementations relatives au temps de travail, au salaire, aux aides à l'emploi... ont des répercussions sur l'activité économique : consommation, épargne, production, croissance... et réciproquement les problèmes économiques influencent le droit du travail (flexibilité...).
- Aux idéologies : les idées des philosophes des XVIIIe et XIXe siècles et les doctrines socialistes ont joué un rôle actif dans le développement du droit au travail. Actuellement, ces courants s'affrontent encore quant aux solutions à mettre en œuvre pour répondre aux mutations du travail.

LE DROIT AU TRAVAIL EN QUESTION

Le contexte économique et social qui a existé après la Seconde Guerre mondiale (les « Trente Glorieuses » [(1)]) et dans lequel le progrès social allait de pair avec le progrès économique, a disparu.
Actuellement, les protections que le droit du travail offre aux salariés, paraissent, à certains, comme des freins à l'emploi : des employeurs préfèrent ne pas embaucher afin de ne pas être contraints par les règles du droit du travail, notamment en matière de licenciement ou, pour la survie de l'entreprise, procèdent à des licenciements.
On peut s'interroger sur le devenir du « capital humain » et de la « culture d'entreprise », considérés, dans les années 80, par les auteurs en organisation, comme un élément central de l'entreprise.
Il semble bien qu'il existe aujourd'hui une distinction entre les salariés de droit et les salariés de fait.

• *Les distorsions entre le droit et le fait*

- Un grand nombre de salariés sont encore actuellement des salariés de droit et de fait :
  - les salariés sous contrat de travail à durée indéterminée (CDI) : ils bénéficient des règles protectrices du droit du travail, bien que certains de leurs « acquis sociaux » soient parfois remis en question ; de plus, cer-

---

(1) Expression employée par J. Fourastié dans un ouvrage paru en 1977.

tains avantages (congés payés, heures supplémentaires…) ne sont pas, parfois, appliqués et ce, sans protestation des salariés ;
  – les salariés sous contrat « précaire » (CDD, contrat de travail intérimaire…) sont aussi des salariés de droit, mais leurs droits sont restreints ; ils ne font pas partie du « capital humain » de l'entreprise.
- Certains sont des salariés de fait, mais non de droit :
  – travailleurs liés par un contrat d'entreprise (ex. : chauffeurs de taxis, sous-traitants du bâtiment, des transports…) ; ils ne bénéficient pas du droit du travail et doivent se déclarer comme travailleurs indépendants alors qu'ils sont dans une situation de subordination (la loi « initiative et entreprise individuelle » du 11 février 1994 a fixé des règles sur ce point) ;
  – travailleurs non déclarés (travail « au noir ») pour échapper aux charges fiscales et aux cotisations de sécurité sociale.

• *Vers une réforme du droit du travail ?*

Le droit du travail classique ne semble plus répondre à la situation de fait actuelle. Un certain nombre de dispositions instaurent déjà une flexibilité dans les relations de travail :
  – les possibilités de modulation annuelle de la durée du travail ;
  – le recours fréquent aux contrats à durée déterminée ;
  – la possibilité de conclure des contrats de travail avec un groupement d'employeurs…

Des propositions sont néanmoins avancées :
  – En octobre 1995, un rapport du Commissariat au Plan a proposé « une nouvelle logique partenariale pour l'emploi », pour concilier le besoin de flexibilité de l'entreprise et l'aspiration des individus à un statut social stable. Le contrat de travail deviendrait un « contrat d'activité » qui ne serait plus signé entre un salarié et un employeur, mais entre une personne et une pluralité d'employeurs (entreprises, associations, organismes de formation) ; ce contrat serait conclu pour une durée minimale d'au moins 5 ans durant laquelle pourraient se succéder des contrats de travail, des périodes de formation, de travail indépendant…
  – Le Centre des Jeunes Dirigeants d'entreprises (CJD) souhaite, de son côté, un Code du travail réduit à 50 ou 100 articles et veut promouvoir « une flexibilité sans précarité » qui impliquerait l'aménagement du temps de travail sur l'année, la réduction de la durée du travail et une revitalisation de la négociation sociale.
  – Des syndicats (CFDT notamment) ; œuvrent en faveur d'une réduction du temps de travail.

Une nouvelle logique semble se mettre en place, mais peut-elle se concilier avec les intérêts des salariés ?

2

Les sources du droit du travail

Comme pour les autres branches du droit, le droit du travail met en application des règles légales (nationales, européennes, traités internationaux), mais aussi des règles conventionnelles (issues de la négociation entre les partenaires sociaux).

LES DIFFÉRENTES SOURCES

• *Sources internationales*

- L'Organisation internationale du travail (OIT) élabore des conventions (signées par les États) et émet des recommandations.
- Des traités sont signés entre les États sur la condition des travailleurs.

• *Sources communautaires*

• Les textes

• Le traité de Rome qui a créé la CEE (1957) et le traité de Maastricht (1992) se sont donnés, entre autres, comme objectif l'amélioration des conditions de travail des ressortissants de la CEE en vue de l'égalisation de leurs droits.

• Une « charte communautaire des droits sociaux fondamentaux » a été adoptée en 1989 et a énoncé les droits auxquels peuvent prétendre les salariés de la CEE.

• Les organes de la CEE (notamment la Commission et le Conseil) sont à l'origine des normes qui comportent principalement :

- des ***règlements :*** directement applicables dans les États membres

  Ex. : sur la libre circulation des travailleurs… ;

- des ***directives :*** qui fixent aux différents États des objectifs à atteindre tout en leur laissant la liberté du choix des moyens juridiques à utiliser

  Ex. : égalité des salaires féminins (1975) - licenciements collectifs (1975) - garantie du salaire en cas d'insolvabilité de l'employeur (1980)…

• Le contrôle de l'application

Le droit communautaire fait partie intégrante du droit français.

La Cour de cassation, puis le Conseil d'État, ont reconnu la primauté des normes communautaires d'application directe sur les lois françaises.

Toute personne peut saisir directement la Cour de Justice des Communautés européennes pour demander l'application des règles communautaires ou invoquer, devant les juridictions françaises, la Convention européenne des droits de l'homme et des libertés fondamentales.

Ex. : arrêt de la Cour de cassation du 28 avril 1994 sur le droit d'expression.

• *Sources nationales*

• La Constitution de 1958

Elle renvoie dans son préambule à celui de la Constitution de 1946, qui énumère plusieurs principes fondamentaux en matière de droit du travail (exemple p. 30).

• Les lois et règlements

Ils fixent le minimum « social », c'est-à-dire le plancher au-dessous duquel on ne peut descendre. Les autres sources ne peuvent qu'être plus favorables aux salariés.

- **les lois :** elles sont votées par le Parlement (les députés et les sénateurs) ; ce sont les lois nouvelles, qui, depuis 1841, ont peu à peu amélioré la condition des travailleurs. Elles sont regroupées dans le *Code du travail ;*
- **les règlements** sont décidés par le gouvernement sous forme :
  - **d'ordonnances** prises par le gouvernement, après avoir été habilité à le faire par le Parlement ;
  - **de décrets** qui servent à l'application des lois ou réglementent certaines matières qui ne sont pas du domaine de la loi (art. 37 de la Constitution) ;
  - **d'arrêtés ministériels ou préfectoraux** qui adaptent ces textes aux structures professionnelles ou aux réalités locales.

• La jurisprudence

Les décisions rendues par les juridictions dans les litiges permettent de mieux interpréter la loi et de l'appliquer à des cas particuliers. Les arrêts rendus par la Cour de cassation jouent un rôle particulièrement créateur de droit.

• La coutume, les usages

Leur force résulte de la croyance dans leur caractère obligatoire.

- **Les usages professionnels**

  Ils ont eu une importance réelle en droit du travail ; la plupart d'entre eux ont été intégrés dans les conventions collectives.

- **L'usage d'entreprise**

  C'est une pratique, d'origine patronale, créatrice de droits pour les salariés et d'obligations pour l'employeur. Il doit présenter des caractères de constance, de généralité, de fixité.

  Ex. : une prime accordée à tous les salariés ou à toute une catégorie, depuis des années.

  L'employeur ne peut pas le violer et les salariés peuvent en exiger la continuation.

  - La renonciation est possible pour les salariés ; il faut un accord écrit des salariés (Cass. soc. 23 octobre 1991).
    Une acceptation tacite, pour la poursuite du contrat de travail, ne suffit pas (Cass. soc. 7 mai 1991).
  - La dénonciation par l'employeur est possible, à condition de prévenir individuellement les salariés et les institutions représentatives du personnel, dans un délai permettant des négociations (Cass. soc. 7 mai 1991, à propos d'une prime de vacances).
  - A défaut de dénonciation régulière, la cessation d'un usage ne peut résulter du non-respect par l'employeur de ses engagements, ni de l'absence de réclamation de la part des salariés (Cass. soc. 23 octobre 1991).

- **La doctrine**

C'est l'opinion des spécialistes du droit ; on la trouve dans des livres, des articles, des thèses.

Ex. : MM. les professeurs Lyon-Caen et Dupeyroux sont des auteurs reconnus.

• *Les sources conventionnelles*

Ainsi appelées parce qu'elles

résultent d'accords collectifs ou individuels entre employeurs et salariés.

- **Les conventions et accords collectifs** tiennent une place particulièrement importante ; il s'agit d'accords négociés entre les syndicats d'employeurs et de salariés pour une branche professionnelle.
- **Les accords d'entreprise** sont négociés entre employeurs et syndicats au niveau de l'entreprise.

  Ex. : la loi du 19 juin 1987 sur la modulation annuelle du temps de travail laisse aux partenaires sociaux le soin de négocier au niveau de l'entreprise les modalités pratiques de cette modulation.

– **Le contrat de travail** organise les rapports d'un salarié et de son employeur.

● *Le règlement intérieur*

Élaboré par l'employeur, il règle la marche de l'entreprise (voir p. 67).

■ *LA HIÉRARCHIE DES SOURCES EN DROIT DU TRAVAIL*

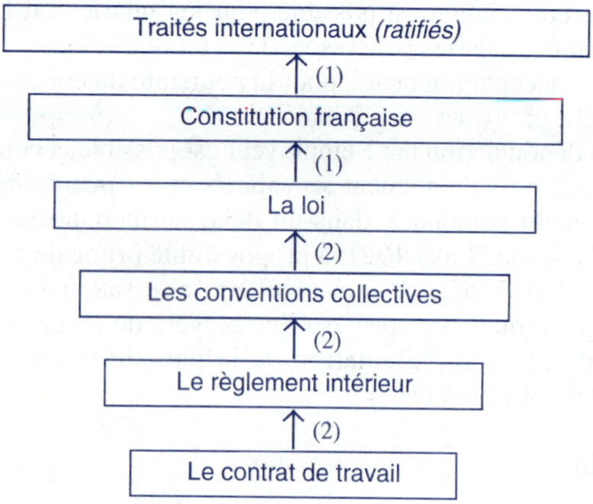

L'étude des sources du droit du travail peut appeler trois types de remarques :

– le droit du travail français est devenu, notamment depuis un demi-siècle, un droit de plus en plus bilatéral par le jeu de la négociation collective ;
– à la législation interne est venue s'ajouter la réglementation communautaire qui ne cesse de se développer (Ex. : la directive européenne du 14 octobre 1991 qui prévoit que tout employeur devra mentionner par écrit, au moyen d'un contrat de travail, d'une lettre d'engagement ou de tout autre document, les éléments de la relation de travail avec le salarié) ;
– il faut aussi souligner l'importance de la sanction pénale en droit du travail : beaucoup de lois du travail sont assorties de pénalités.

La mise en place du droit du travail est inégalitaire : il est mieux appliqué dans les grandes entreprises et certains textes (ex. : loi quinquennale pour l'emploi du 20 décembre 1993) semblent avoir été davantage conçus pour elles.

---

(1) Doit respecter.
(2) Doit respecter, sauf pour des conditions plus avantageuses pour les salariés.

3

Évolution du droit du travail

AVANT LA RÉVOLUTION DE 1789

Les relations de travail sont réglementées par la féodalité, les corporations ou l'autorité royale.

• La féodalité

Au Moyen Age l'économie française repose essentiellement sur l'agriculture. Les terres appartiennent aux seigneurs ; les serfs qui les travaillent sont sous leur entière dépendance.

• Les corporations

Dans les villes, l'artisanat devient de plus en plus important. Les membres de chaque profession se regroupent en corporation.

Leur but est de protéger la profession :

- contre les autres corporations ;
- en réglementant les prix et les normes techniques de la production ;
- en organisant la hiérarchie et l'accès à la profession : les maîtres artisans apprennent le métier aux apprentis — qui sont généralement logés et nourris chez le maître — et qui deviendront des compagnons.

Les compagnons sont des ouvriers qui travaillent pour les artisans et qui peuvent devenir maîtres à leur tour, en réalisant un « chef-d'œuvre ».

Les conditions de travail ne peuvent être discutées ; elles sont imposées par les corporations, donc par les maîtres artisans qui les gèrent.

• Les manufactures

Elles se développent au XVIe et au XVIIe siècle, notamment sous le ministère de Colbert. Les conditions de travail sont fixées par l'autorité royale. L'ouvrier est sans défense.

À PARTIR DE 1789

Les relations de travail sont organisées par le contrat de travail.

Le droit issu de la Révolution va consacrer l'apogée du contrat qui paraît nécessairement « juste » entre des hommes libres et égaux.
L'absence de réglementation va entraîner la misère des salariés, qui ne peuvent se regrouper pour se défendre.

- **Le décret d'Allarde** (1791) pose le principe de la liberté du travail.
- **La loi Le Chapelier** (1791) supprime les corporations et interdit les groupements professionnels.
- **Le délit de coalition** réprime toute association de plus de vingt personnes.
- **Le contrat de travail,** appelé alors « louage de services », va, en l'absence de tout règlement, déterminer seul les conditions de travail ; son contenu est établi « librement » par les parties ; en fait, puisqu'il n'y a pas de loi pour protéger le plus faible, c'est la loi du plus fort qui va régner ; l'employeur va très souvent imposer ses conditions.
- **Le livret ouvrier** (an XI) : chaque ouvrier qui ne peut présenter le sien à la police est considéré comme un vagabond ; les déplacements de main-d'œuvre peuvent ainsi être contrôlés ; le livret peut être retenu par l'employeur si l'ouvrier lui doit de l'argent (avance sur salaire par exemple ou amende).
- **La preuve en matière de salaire est inégalitaire**, puisque le Code civil de 1804 décide qu'en cas de contestation l'employeur doit être cru sur sa simple affirmation.
- **Le développement du machinisme et la concentration des entreprises** vont encore aggraver l'effroyable misère des ouvriers (salaires insuffisants, non payés en cas d'accident ou de maladie, très longues journées de travail sans hygiène, ni sécurité, taudis).

L'INTERVENTION PROGRESSIVE DE LA LOI POUR PROTÉGER LES SALARIÉS

Le rapport du docteur Villermé (1840) va attirer l'attention des pouvoirs publics et de l'opinion sur la situation des ouvriers ; il révèle notamment : « il est des filatures en France qui retiennent leurs ouvriers pendant 17 heures chaque jour, et les seuls moments de repos pendant ces 17 heures sont une demi-heure pour le déjeuner et une heure pour le dîner ».
Le docteur Villermé va aussi décrire l'état de santé lamentable des ouvriers et notamment des enfants qui travaillent dans cet « enfer » (V. Hugo).

A partir de 1841, une législation sociale va s'élaborer peu à peu, sous l'influence :

- du suffrage universel (1848) ;
- des idées socialistes (Marx, Saint-Simon, Proudhon...) ;
- de la pression syndicale à partir du milieu du XIXe siècle.

- **Les principales étapes sont :**

- **1841** : c'est la première loi protectrice des salariés ; elle interdit de faire travailler les enfants de moins de 8 ans, réduit la journée à 8 heures pour les enfants de 8 à 12 ans et à 12 heures pour les enfants de 12 à 16 ans ;
- **1864** : suppression du « délit de coalition » ; les ouvriers vont pouvoir s'unir ;
- **1884** : reconnaissance des syndicats ;
- **1936** : les accords Matignon sont conclus entre la CGT et le patronat, sur les instances du gouvernement du « Front populaire » ; ils vont prévoir : les congés payés (2 semaines), les conventions collectives, la semaine de 40 heures, les délégués du personnel ;
- **1945** : à la fin de la guerre, création des comités d'entreprise et de la Sécurité sociale ;
- **1968** : création de la section syndicale d'entreprise, augmentation du SMIG ; ces dispositions sont prévues dans les accords de Grenelle, qui mirent en présence le gouvernement, le patronat et les confédérations syndicales ;
- **1973** : nouvelle loi sur le licenciement, donnant au salarié plus de sécurité dans son emploi ;
- **1982** : ordonnance limitant la durée de la semaine de travail à 39 heures. Les lois Auroux tendent à donner plus de droits aux salariés dans l'entreprise ;
- **1986 et 1987** : aménagement de la durée du travail (modulation annuelle) ;
- **1993** : loi « quinquennale » pour l'emploi : élargissement des cas de modulation du temps de travail...

Le travail des enfants dans les mines en Angleterre vers 1840, par Le Trapper (Roger-Viollet).

Année	Régime	Mesure
1841		Interdiction de faire travailler les enfants de moins de 8 ans. Réduction de la durée du travail.
1848	Suffrage universel IIe République	
1864	Second Empire	Suppression du délit de coalition
1884	IIIe République	Reconnaissance des syndicats
1898		Loi sur les accidents du travail
1928		Création des Assurances sociales
1932		Création des Allocations familiales
1936		Conventions collectives Délégués du personnel Congés payés Semaine de 40 heures
1941	État français (Vichy)	Tentative de retour au corporatisme
1944	IVe République	Comité d'entreprise
1945		Création de la Sécurité sociale
1956		3 semaines de congés payés
1958		Création de l'Assurance chômage
1968	Ve République	Section syndicale d'entreprise
1969		4 semaines de congés payés
1971		Loi sur la formation professionnelle continue
1973		Réforme du droit de licenciement
1975		Loi sur le licenciement pour cause économique
		39 heures de travail hebdomadaire
1982		Congés payés : 5 semaines
		Lois « Auroux »
1986		Suppression de l'autorisation administrative de licenciement
1987		Aménagement de la durée du travail (modulation annuelle)
1990		Élargissement du champ d'application de la participation
1993		Loi quinquennale pour l'emploi

4

L'organisation administrative du travail

Les pouvoirs publics assurent la mise en œuvre et veillent au respect de la réglementation des conditions de travail.

AU NIVEAU NATIONAL

Un ministère, chargé du Travail, existe dans chaque gouvernement, mais son appellation varie.

Le gouvernement mis en place le 7 novembre 1995 comporte :

- un ministère du Travail et des Affaires sociales ;
- un ministre délégué auprès du ministre du Travail et des Affaires sociales, chargé de l'Emploi ;
- un secrétaire d'État chargé de la Santé et de la Sécurité sociale.

L'ensemble des questions relatives aux problèmes sociaux et à l'emploi sont du ressort du ministre du Travail et des Affaires sociales.

Les ministères ont autorité sur :

- des directions, des délégations ;
- des organismes spécialisés comme l'ANPE (Agence nationale pour l'emploi), l'ANACT (Agence nationale pour l'amélioration des conditions de travail) ;
- les différents organismes de la Sécurité sociale.

AU NIVEAU RÉGIONAL

Les services centraux du ministère ont autorité sur les directions régionales du Travail, de l'Emploi et de la Formation professionnelle.

AU NIVEAU DÉPARTEMENTAL

Une direction départementale du Travail, de l'Emploi et de la Formation professionnelle a pour rôle :

- de mettre en œuvre la politique de l'emploi et de la formation professionnelle ;
- d'améliorer les conditions et relations du travail ;
- de contrôler l'application de la réglementation du travail.

De cette direction dépendent en particulier :

- les médecins inspecteurs du travail qui contrôlent l'application des règles d'hygiène dans les entreprises ;
- les inspecteurs du travail (voir p. 17).

5

L'Agence nationale pour l'emploi (ANPE)

C'est un établissement public administratif, créé en 1967, dont la mission essentielle est de procéder au placement des demandeurs d'emploi.

ORGANISATION

- Au niveau central : l'ANPE est administrée par un conseil d'administration tripartite (administration, syndicats de salariés, patronat) dont le président est nommé par décret.
- Pour couvrir l'ensemble du territoire, l'ANPE comprend :
  - 24 centres régionaux ;
  - des sections départementales ;
  - 700 agences locales et antennes.

RÔLE

• *Principal*

L'ANPE prospecte les emplois disponibles et enregistre les offres d'emploi et les demandes d'emploi [1]. Elle rapproche offres et demandes. Elle assiste les personnes à la recherche d'un emploi, d'une formation ou d'un conseil professionnel pour favoriser leur reclassement ou leur promotion professionnelle.

A cette fin, elle participe à la mise en place des actions qui favorisent la mobilité géographique et professionnelle (ex. : remboursement, dans une certaine limite, des frais de déplacement et de séjour pour recherche d'emploi...) et l'adaptation aux emplois (aides à l'évaluation professionnelle).

---

(1) L'inscription à l'ANPE est la condition préalable au versement des allocation de chômage par l'UNEDIC. (voir p. 190).

Elle assiste les employeurs pour l'embauche et le reclassement de leurs salariés ; elle participe à la mise en œuvre des aides publiques destinées à favoriser ces opérations.

Une ordonnance du 20 décembre 1986 a supprimé le monopole de l'ANPE dans ce domaine :

- D'autres organismes (établissements publics tels que les chambres de commerce, de métiers, associations...) peuvent désormais assurer le placement de la main-d'œuvre à condition qu'ils aient conclu une convention avec l'ANPE.
- Les collectivités locales pourront également mettre en œuvre des actions d'insertion des chômeurs pour répondre à des besoins locaux spécifiques. Une convention doit être signée avec l'ANPE.

• *Autres missions*

En plus des tâches précédemment citées, l'ANPE est l'opérateur direct de la politique de l'emploi dans les domaines suivants :

- la lutte contre le chômage de longue durée ;
- l'insertion professionnelle des jeunes ;
- la conversion des salariés licenciés.

L'ANPE a un rôle d'information, d'orientation et de conseil professionnel.

Elle collabore à l'orientation et au placement des travailleurs handicapés.

Elle coopère avec l'APEC (Association pour l'emploi des cadres) pour le placement des cadres.

Elle établit les statistiques relatives au marché du travail.

Est actuellement à l'étude le projet de regroupement des services de l'ASSEDIC et de l'ANPE. Le demandeur d'emploi aurait ainsi un interlocuteur unique qui traiterait à la fois le dossier d'indemnisation et de demande d'emploi.

6

L'inspection du travail

Dans chaque département, et sous l'autorité du directeur départemental du Travail, les inspecteurs du travail veillent à l'application de la législation du travail.

L'inspection du travail fait partie des services extérieurs du Travail et de l'Emploi.

ORGANISATION

Chaque direction départementale du Travail comporte :

- des services généraux et spécialisés ;
- des sections d'inspection.

Chaque section d'inspection a un domaine d'action territorialement déterminé par arrêté ministériel. Elle comprend :

- un inspecteur du travail qui a la responsabilité de la section ;
- des contrôleurs qui l'assistent.

STATUT ET DOMAINE DE COMPÉTENCE DES INSPECTEURS DU TRAVAIL

Ce sont des fonctionnaires (cat. A) recrutés par concours. Ils sont notamment soumis aux obligations de discrétion, secret professionnel et impartialité.

Leur compétence s'étend :

- à la presque totalité des entreprises à caractère industriel ;
- aux professions libérales et offices publics ou ministériels ;
- aux sociétés civiles, syndicats, associations et groupements non agricoles ;
- aux établissements hospitaliers publics et privés.

■ RÔLE

• Rôle de contrôle

• Domaines

- L'application des lois et règlements relatifs au travail, notamment en matière d'emploi, de contrat de travail, conventions et accords collectifs, hygiène et sécurité, représentation du personnel... ;
- l'affichage obligatoire : règlement intérieur, textes sur l'égalité professionnelle entre hommes et femmes...
- l'application des lois relatives au prêt de main d'œuvre, au marchandage [1], au cumul d'emplois et au travail clandestin (loi quinquennale pour l'emploi du 20 décembre 1993).

• Moyens

• ***Droit de visite :*** l'inspecteur du travail peut entrer à tout moment dans les entreprises où travaillent des salariés (il le fait de sa propre initiative ou à la demande de toute personne intéressée : en pratique, la deuxième hypothèse est la plus fréquente).

• ***Droit de communication***

- L'inspecteur du travail peut consulter tous les livres, registres et documents dont la tenue est imposée par la loi : registre unique du personnel, registre des observations et mises en demeure, comptabilité...
- Doivent lui être adressés :
  - le règlement intérieur : l'inspecteur du travail a un pouvoir d'injonction consistant à exiger la suppression ou la modification des clauses qu'il estime illégales ; sa décision est communiquée aux représentants du personnel ; un recours hiérarchique est possible devant le Directeur régional du travail et de l'emploi ;
  - les procès-verbaux des élections des représentants du personnel et du CHSCT ;
  - les déclarations d'embauche pour le premier emploi ;
  - toute procédure de licenciement économique ;
  - les horaires de travail...

• Obstacles au contrôle

L'obstacle au contrôle de l'inspecteur du travail est un délit qui est sanctionné par une peine d'amende et/ou d'emprisonnement.
Le délit est constitué par l'entrave à l'exercice des droits de l'inspecteur du travail, mais aussi lorsque les renseignements fournis à l'inspecteur du travail comportent volontairement des inexactitudes (Cass. crim. 28 septembre 1993).

---

(1) **Marchandage :** fourniture de main d'œuvre à but lucratif qui cause un préjudice au salarié (ex. : prêt de salariés à une entreprise sous-traitante, ce qui leur fait perdre des avantages sociaux).

• Sanctions

Il notifie à l'employeur, selon les circonstances :

- une observation qui sera portée sur le registre des mises en demeure ;
- une mise en demeure avant procès-verbal ;
- un procès-verbal qui sera transmis au Procureur de la République ; celui-ci décidera de la poursuite éventuelle devant un tribunal répressif.

• *Autres rôles*

Conseil	L'inspecteur, aidé des contrôleurs, est tenu de recevoir et renseigner les personnes qui le désirent (employeurs ou salariés). Ils aident à l'adaptation de la réglementation aux situations concrètes. Ex. : en matière d'annualisation du temps de travail à temps partiel...
Information et documentation	Les services de l'inspection du travail sont les destinataires des déclarations mensuelles de main d'œuvre et contribuent à l'élaboration des statistiques « sociales » : accidents du travail, effectifs... Un rapport annuel sur l'application de la législation du travail dans la circonscription doit être établi.
Conciliation et arbitrage	L'inspecteur du travail peut prévenir les conflits collectifs ou concilier les parties en présence, sur leur demande. Il peut intervenir en tant qu'arbitre en matière d'élections de représentants du personnel, de mutation (demandée par le médecin du travail et refusée par l'employeur), d'inaptitude d'un salarié, en matière de congé-formation...
Autorisation	Son autorisation est obligatoire pour : – le licenciement des salariés protégés (voir p. 111) ; – les dérogations à la durée du travail : heures supplémentaires. Ses décisions peuvent faire l'objet d'un recours : – hiérarchique : auprès du ministre du Travail ; – contentieux : devant le Tribunal administratif.

Une adaptation des missions de l'inspection du travail aux nouvelles réalités économiques (développement du travail précaire, entreprises « en réseaux »...) est souhaitée.

De plus, l'insuffisance de leurs moyens est souvent soulignée par les inspecteurs eux-mêmes.

Le Conseil économique et social a, au mois de janvier 1966, émis les recommandations suivantes, afin de faciliter la mission de l'inspection du travail dans un environnement en voie de transformation rapide :

- Garantir l'indépendance de l'inspection du travail par le rattachement direct au ministère du Travail de la MICAPCOR (Mission centrale d'appui et de coordination des services extérieurs du travail et de l'emploi) et par la mise en place rapide du Conseil national de l'inspection du travail.
- Reconnaître la priorité au contrôle : par un accroissement des effectifs ; par un début de la carrière des inspecteurs en section d'inspection.
- Par un renforcement des outils juridiques : relations plus étroites avec le Parquet, mise en conformité du Code du travail avec le nouveau Code pénal, notamment en ce qui concerne la responsabilité pénale des personnes morales, communication aux institutions représentatives du personnel des lettres d'observations adressées à l'employeur par l'inspection du travail.
- Par la mise en place d'un décloisonnement des services permettant un meilleur contrôle des aides à l'emploi (138 milliards de francs en 1996).

7

L'orientation scolaire et professionnelle

L'entrée dans la vie active est précédée, pour chaque élève ou étudiant, d'une période pendant laquelle il doit s'informer au mieux pour confronter :

- ses goûts ses aptitudes ;
- les débouchés existants dans les différents secteurs de l'économie.

Orientation scolaire et professionnelle sont étroitement liées.

Des structures existent :

• *Au sein de l'Éducation nationale*

• Les CIO (Centres d'information et d'orientation)

Ce sont des organismes sans personnalité juridique ; il existe des CIO d'État et des CIO départementaux.

En leur sein travaillent des conseillers d'orientation psychologues qui ont pour mission :

- d'aider les jeunes (scolaires et étudiants) à élaborer leur choix scolaire et professionnel ;
- de répondre aux demandes d'information sur les formations provenant du public adulte.

• L'ONISEP (Office national d'information sur les enseignements et les professions)

C'est un établissement public, créé en 1970, placé sous le contrôle du ministre de l'Éducation nationale, qui collecte des informations sur les enseignements et les professions. Il diffuse notamment, par des brochures, de la documentation auprès des jeunes, des parents, des éducateurs et des conseillers d'orientation psychologues.

• *En dehors de l'Éducation nationale Dispositifs d'accueil des jeunes de 16 à 25 ans*

(ordonnance du 26 mars 1982 – loi du 20 décembre 1993)

• Les PAIO (Permancences d'accueil, d'information et d'orientation)

Ce sont des associations gérées par les communes.

– Elles fournissent des conseils, des informations sur des itinéraires personnalisés de formation ;

– elles aident à la recherche de contrats de formation en alternance (voir p. 24 et 28).

• Les missions locales d'insertion

Les missions locales pour l'insertion professionnelle et sociale des jeunes peuvent être constituées entre l'État, des collectivités territoriales, des établissements publics, des organisations professionnelles et syndicales, et des associations.

– Elles prennent la forme d'une association ou d'un groupement d'intérêt public ;

– elles ont pour objet d'aider les jeunes de 16 à 25 ans à résoudre l'ensemble des problèmes que pose leur insertion professionnelle.

Il faut noter que la loi quinquennale pour l'emploi du 20 décembre 1993 prévoit le transfert aux régions, à l'issue d'une période de 5 ans, des compétences exercées par l'État vis-à-vis du réseau d'accueil, d'information, d'orientation et de suivi des jeunes en matière de formation professionnelle.

8

La formation professionnelle initiale

- **Les établissements techniques** publics ou privés assurent la plus grande part de la formation professionnelle initiale.
- **L'apprentissage** permet à certains jeunes de plus de 16 ans d'obtenir une qualification professionnelle sanctionnée par un diplôme (voir p. 24).
- **Les formations complémentaires,** sous forme de stages, s'adressent aux jeunes de 16 à 18 ans (et même parfois 26 ans) qui sont sortis de l'école sans qualification professionnelle.

LES ÉTABLISSEMENTS TECHNIQUES

Ils sont :
- **publics :** dépendant du ministère de l'Éducation nationale ;
- **privés :** créés par des organismes patronaux (chambres de commerce) ou des entreprises publiques (SNCF, EDF) ou des particuliers.

Selon le niveau de formation, on distingue :

- **les lycées professionnels** (LP) qui préparent :
  - aux certificats d'études professionnelles (CAP) en 3 ans et surtout au BEP (brevet d'études professionnelles) en 2 ans après la classe de troisième ;
  - aux baccalauréats professionnels en 2 ans après le BEP ;
- **les écoles techniques** des chambres de commerce, de la SNCF, de l'EDF forment des ouvriers et employés qualifiés (cycle court).

- **les lycées d'enseignement technique** préparent aux :
  - brevets de techniciens (BT) ;
  - baccalauréats de techniciens (BTn)

  } en trois ans après la classe de troisième ;
- **les lycées techniques** préparent aux brevets de techniciens supérieurs (BTS) en deux ans après le baccalauréat.

- **les instituts universitaires de technologie** (IUT) préparent aux diplômes universitaires de technologie (DUT) en 2 ans après le baccalauréat ;
- **les grandes écoles et universités** forment des cadres supérieurs et moyens.

L'APPRENTISSAGE

Pendant longtemps, les adolescents qui désiraient apprendre un métier ne pouvaient le faire qu'en étant pris en charge par un employeur, un « maître ». Cette formule, bien adaptée à une production artisanale, a connu progressivement un certain déclin.

Actuellement, les pouvoirs publics désirent développer largement l'apprentissage pour en faire une filière de formation initiale en alternance, à tous les niveaux et dans tous les secteurs (industrie, services...).

La loi du 16 juillet 1971 a réorganisé l'apprentissage dans le cadre de l'enseignement technique. Les lois du 23 juillet 1987, du 17 juillet 1992 et du 20 décembre 1993 sont venues réformer cette institution en l'élargissant et en simplifiant les procédures.

Le contrat d'apprentissage est un contrat de travail de type particulier conclu entre :
- *un employeur : qui s'engage à assurer une formation professionnelle méthodique et complète à un jeune travailleur et à lui verser un salaire ;*
- *et un jeune travailleur : qui s'engage à travailler pour cet employeur pendant la durée du contrat.*

L'apprentissage est défini comme une forme d'éducation alternée ; en effet l'apprenti reçoit :
- un enseignement technologique dans l'entreprise ;
- un enseignement général dans un centre de formation.

Depuis la loi de 1992, les diplômes préparés sont le CAP, le BEP, le BP, le BTS et même le diplôme d'ingénieur.

Le contrat d'apprentissage fait partie des contrats d'insertion en alternance (voir aussi p. 27)

• Les partenaires

• Les centres de formation d'apprentis (CFA)

Crées en 1971 ils assurent l'enseignement général.

- **Les établissements d'enseignement public**

Ils peuvent créer une section d'apprentissage (décret du 14 avril 1995). Les CFA n'ont donc plus le monopole de ce type de formation.

- **Les apprentis**

Ils doivent être âgés de 16 ans au moins et de 25 ans au plus. Les jeunes de moins de 15 ans peuvent obtenir une dérogation.

- **Les entreprises et les maîtres d'apprentissage**

– L'entreprise doit prendre « toutes mesures nécessaires à l'organisation de l'apprentissage » (loi du 20 décembre 1993) ;
– Le maître d'apprentissage doit être majeur et présenter des garanties de moralité et de compétences ; il assure la fonction de tuteur vis-à-vis de l'apprenti.

L'entreprise bénéficie de certaines exonérations fiscales et sociales.

• *L'établissement du contrat*

Le contrat d'apprentissage		**Visa**		**Déclaration et enregistrement**
Il doit être écrit, signé par l'apprenti, son représentant légal et l'employeur. Il doit comporter un certain nombre de mentions obligatoires (identité, rémunération…). Des contrats types sont à la disposition des parties, notamment dans les Chambres des Métiers.	⇒	Par le directeur du CFA ou de l'établissement public.	⇒	Lors du 1er contrat, une déclaration doit être faite à la DDTE en même temps que l'enregistrement. L'enregistrement peut être refusé par une décision motivée.

• *Le statut de l'apprenti*

Il est considéré comme un jeune salarié, mais de type particulier, puisqu'il apprend un métier.

	En tant que **salarié**	En tant qu'**apprenti**
Durée du travail	Il doit suivre les horaires de l'entreprise. En tant que « jeune travailleur » il ne doit pas travailler plus de : – 8 heures par jour et – 39 heures par semaine.	Le temps consacré aux enseignements est compté dans le temps de travail (400 heures annuelles environ).

	En tant que **salarié**	En tant qu'**apprenti**
Travail	Il doit se conformer au règlement intérieur et aux directives de son employeur. En tant que jeune travailleur, sont interdits : – le travail de nuit, – les travaux insalubres et dangereux.	Le travail doit être en rapport avec la profession prévue au contrat. L'employeur doit, par ce travail, lui apprendre le métier.
Congé	Il a les mêmes congés que les jeunes travailleurs (30 jours au moins).	Il a droit à 5 jours de congé supplémentaires, au cours du mois précédant l'examen.
Protection sociale	Il a droit aux prestations : – de sécurité sociale, – du chômage, – des accidents du travail et maladies professionnelles.	Il ouvre droit aux prestations familiales jusqu'à 20 ans, à moins que sa rémunération soit supérieure à un montant fixé par décret.
Élections	Il est électeur au Conseil de prud'hommes et des représentants du personnel (délégués et CE).	Est exclu du calcul de l'effectif de l'entreprise.
Syndicat	Il peut adhérer au syndicat de son choix.	
Salaire	Il doit percevoir un salaire inférieur au SMIC (entre 25 % et 78 % du SMIC selon l'âge et l'année de formation – 1re, 2e ou 3e année). Il a droit aux heures supplémentaires.	
CFA ou Etablissements publics		L'employeur doit l'inscrire aux cours et contrôler son assiduité. L'apprenti doit suivre ses cours avec régularité.
Examens préparés		L'apprenti doit se présenter à l'examen en fin d'apprentissage et l'employeur doit l'inscrire. CAP, BEP, BP, BTS, diplôme d'ingénieur.
Responsabilité de l'employeur		L'employeur est civilement responsable des dommages causés par son apprenti, quand il est sous sa surveillance. Il doit prévenir les parents en cas d'absence de l'apprenti.

• La durée du contrat

Elle varie de 1 à 3 ans, selon le cycle de formation.

Elle peut être prolongée ou réduite selon les cas.

Des contrats successifs peuvent être conclus :

- s'il s'agit de niveaux de formation différents : sans limitation ;
- pour préparer des qualifications différentes, mais de même niveau : 3 au maximum.

• La cessation du contrat

• Résiliation

Elle peut intervenir :

- librement et sans indemnité pendant les 2 premiers mois ;
- par accord commun des deux parties,

  (dans ces cas, elle doit être écrite et notifiée au directeur de l'établissement de formation et au service qui a enregistré le contrat) ;
- par décision du Conseil de Prud'hommes en cas de :
  - faute grave de l'une des parties ;
  - manquements répétés aux obligations

    Ex. : l'employeur fait travailler l'apprenti sans lui apprendre le métier ; l'apprenti refuse de travailler ou de suivre les cours ;
  - inaptitude de l'apprenti pour le métier envisagé...

La maladie prolongée de l'apprenti n'autorise pas l'employeur à demander la résiliation.

• Embauche

L'employeur peut, au terme du contrat, embaucher l'apprenti par un contrat à durée indéterminée ou déterminée ; il bénéficie d'une exonération des charges sociales dont l'étendue diffère selon la taille de l'entreprise ; à défaut d'embauche l'apprenti a droit à l'assurance-chômage.

L'INSERTION PROFESSIONNELLE DES JEUNES

Cette formule recouvre l'ensemble des mesures visant à favoriser l'embauche de jeunes sortis du système scolaire avec ou sans qualification.

Les jeunes de moins de 25 ans représentent plus du tiers des demandeurs d'emploi. Depuis plusieurs années, les dispositifs visant à lutter contre ce chômage se sont multipliés (voir aussi p. 194).

Dans le gouvernement mis en place en mai 1995, l'insertion professionnelle est rattachée au ministère de l'Éducation nationale.

• *Les structures*

En plus de l'ANPE ont été mises en place :

– **les PAIO** (permanences d'accueil, d'information et d'orientation des jeunes) : au niveau local, sous l'impulsion des communes (voir p. 22) ;

– **les missions locales pour l'emploi,** qui, sous la forme d'associations, regroupent les élus, les administrations, les associations, les organismes de formation et les partenaires sociaux dans les zones où se posent des problèmes aigus d'insertion des jeunes (voir p. 22).

• *Contrats en vue d'une insertion*

Ces contrats, dits aussi « contrats d'insertion en alternance », reposent sur un contrat de travail de type particulier à durée déterminée ou indéterminée, accompagné, le cas échéant, d'une convention de formation.

Ces contrats :

– doivent être écrits et comporter des mentions obligatoires ;

– permettent à l'employeur de benéficier de diverses exonérations de charges sociales et fiscales et, parfois, d'une aide de l'État.

• Contrat d'adaptation

Bénéficiaires	Jeunes de moins de 26 ans ayant déjà une qualification
Durée	Déterminée (de 6 à 12 mois) ou indéterminée
Statut	Salarié
Formation	Au moins 200 heures, la formation peut être effectuée dans l'entreprise.
Rémunération	Ne peut être inférieure au SMIC (si CDD : 80 % du salaire minimum conventionnel)

• Contrat d'orientation

Bénéficiaires	Jeunes de moins de 22 ans sans diplôme (loi du 20 février 1995)
Durée	CDD : 6 mois, non renouvelable
Statut	Salarié
Formation	Tutorat ; actions de formation et d'orientation
Rémunération	30 % à 65 % du SMIC selon l'âge

• Contrat de qualification [1] professionalisation

Bénéficiaires	Jeunes de moins de 26 ans sans qualification ou avec qualification inadaptée
Durée	CDD : 6 à 24 mois
Statut	Salarié
Formation	D'une durée au moins égale à 25 % de la durée totale du contrat
Rémunération	De 30 % à 75 % du SMIC, selon l'âge

Un congé spécial de formation pour les jeunes est prévu.

vérif. si ces c. st encore en vigueur

(1) 140 000 jeunes bénéficiaient, en 1995, de ce contrat.

9

Le droit au travail

LES PRINCIPES : DROIT ET LIBERTÉ

• *Le droit au travail*

Il est énoncé par la **Constitution :** « chacun a le devoir de travailler et le droit d'obtenir un emploi », et par la **Déclaration universelle des droits de l'homme :** « toute personne a droit au travail, au libre choix de son travail ».
Mais, cela ne signifie pas que les personnes sans travail puissent en exiger un de l'État ou des employeurs ; ces principes donnent tout au plus le droit à l'État d'intervenir sur le marché du travail pour essayer de l'équilibrer et pour protéger les plus faibles.

• *La liberté du travail*

Cette liberté signifie :

pour le **salarié :**	pour **l'employeur :**
– liberté de travailler ; – libre choix de son travail.	– libre choix de ses employés.

• *L'absence de discrimination*

L'employeur ne doit pas agir de manière discriminatoire, soit lors de l'embauche, soit dans l'exécution du contrat de travail ; il ne doit pas prendre en compte :

- l'appartenance syndicale (loi de 1956) ;
- les opinions politiques, la couleur, les origines sociales (convention internationale de 1958, ratifiée par la France en 1981) ;
- l'âge (loi de 1971) ;

– les origines, la nation, la race, la religion (loi de 1972) ;
– le sexe (loi de 1975) ; un décret du 25 mai 1984 précise que les emplois pour lesquels le sexe constitue la condition déterminante devront être inscrits sur une liste (actuellement : artistes dramatiques, mannequins de mode et modèles) ;
– l'état de santé ou le handicap (loi de décembre 1990) ;
– la situation de famille et les mœurs…

Le non respect de ces règles peut entraîner des sanctions pénales : 200 000 F d'amende et un emprisonnement de deux ans.

Si l'employeur a recours à un questionnaire d'embauche, celui-ci doit respecter la liberté du candidat et ne comporter que des questions en relation avec l'emploi.

RÉGLEMENTATION DE L'EMPLOI DE CERTAINS TRAVAILLEURS

Il s'agit de règles qui ont pour but la protection de certaines catégories de salariés.

• *Les jeunes travailleurs*

• Age minimum

Les enfants pour travailler doivent être libérés de l'obligation scolaire ; une ordonnance de 1959 a décidé que l'instruction est obligatoire jusqu'à 16 ans. A partir de 14 ans, ils peuvent intégrer une classe professionnelle en alternance et à partir de 15 ans, entrer en apprentissage.

Il y a quelques exceptions accordées sur autorisation de l'inspection du travail :
– pour le travail pendant les vacances scolaires (14-16 ans) ;
– les enfants du spectacle ou mannequins.

• Conditions de travail

Elles sont réglementées pour les jeunes de 16 à 18 ans. Ils ne doivent pas être employés :
– pour un travail de nuit, entre 22 heures et 6 heures (sauf dérogation) ;
– à des travaux dangereux (sur machines dangereuses, ou comportant des émanations toxiques…) ;
– à des travaux moralement dangereux.

- **Durée du travail pour les jeunes de 16 à 18 ans**

Ils ne doivent pas travailler plus de **8 heures par jour** et 39 heures par semaine.

- **Congé annuel**

Les jeunes de moins de 21 ans ont droit, sur leur demande, à un congé annuel de **30 jours** ouvrables minimum, quelle que soit leur ancienneté dans l'entreprise ; mais seuls seront « payés » les jours de congé correspondant au temps de travail effectif (voir p. 84).

Les travailleurs handicapés

Ce sont des personnes ayant une insuffisance ou une diminution de leur capacité physique.
Tout employeur occupant dans un même établissement au moins 20 salariés est tenu d'employer à temps plein ou partiel des handicapés ou mutilés de guerre ou assimilés, dans la proportion de 6 % de l'effectif total des salariés.

- **Prime à l'embauche**

Une prime forfaitaire (d'un montant de 15 000 F) pour un CDI ou un CDD d'au moins un an est accordée.

- **Décompte de l'effectif de l'établissement**

Il est calculé par « établissement », c'est-à-dire « unité productrice en un lieu distinct » (circ. 23 mars 1988).
Doivent être soustraits, les emplois relevant de catégories exigeant des « conditions d'aptitude particulières » dont la liste est donnée dans le Code du travail.

- **Décompte du nombre de handicapés obligatoires**

Chaque handicapé compte au moins pour une unité, mais selon l'âge ou la gravité du handicap, il peut y avoir lieu à majoration (1/2 ou une unité supplémentaire).

- **Substituts à l'obligation d'emploi**

Les employeurs peuvent échapper à leur obligation d'embauche dans les cas suivants :
- application d'un accord collectif, agréé par l'administration, qui prévoit un plan d'action en faveur des handicapés ;
- en versant une contribution annuelle à un fonds spécial (AGEFIPH, Association nationale pour la gestion du fonds d'insertion professionnelle des handicapés) ; c'est souvent la solution retenue pour les employeurs.

Cette contribution est calculée en tenant compte de l'effectif total de l'entreprise et non de l'établissement d'un montant allant de 300 fois à 500 fois le SMIC horaire ;

- en concluant des contrats de sous-traitance avec le secteur protégé (ateliers protégés ou centres de distribution de travail à domicile agréés ou centres d'aide par le travail autorisés).

Les handicapés qui ne peuvent pas, en raison de leur handicap être embauchés dans une entreprise doivent être admis dans les entreprises du secteur protégé.

• *Les femmes*

• Principe : l'égalité professionnelle

La Constitution garantit « à la femme dans tous les domaines des droits égaux à ceux de l'homme ».

Ce principe a été confirmé par une loi de 1983 et par le droit communautaire.

• Embauche

Il est interdit d'énoncer toute mention relative au sexe ou à la situation de famille.

L'employeur ne peut se réfugier derrière la notion de « motifs légitimes » (par ex. : les charges de famille) pour refuser un emploi à une femme.

• Conditions de travail

Le principe est l'égalité de rémunération « pour un même travail ou pour un travail de valeur égale ».

- Le port de charges et les travaux pénibles sont interdits.
- En ce qui concerne le travail de nuit, il n'est plus interdit (voir p. 79).

• La maternité

L'employeur ne doit pas prendre en considération l'état de grossesse d'une femme pour :

- refuser de l'embaucher (les questionnaires d'embauche ne doivent pas comporter de questions sur l'état de grossesse) ;
- résilier son contrat de travail, sauf faute grave.

La femme enceinte a droit à un congé maternité (16 semaines minimum).

Elle peut quitter son travail sans préavis. Elle peut demander, sous certaines conditions, un congé parental d'éducation (2 ans). (3 ans)

• Rupture du contrat de travail

- Il est interdit de résilier le contrat de travail d'une femme enceinte :
  - à partir de la constatation médicale de la grossesse ;
  - pendant la période de suspension du contrat de travail à laquelle elle a droit (voir p. 172) ;
  - et 4 semaines suivant l'expiration de la période de suspension du contrat de travail.

  Sauf :
  - faute grave non liée à la grossesse ;
  - motif étranger à la grossesse et à l'accouchement.
- Une femme enceinte peut quitter son travail sans préavis.

• *Les travailleurs étrangers*

S'il importe de les protéger contre toute discrimination, il convient aussi de protéger la main d'œuvre nationale, c'est pourquoi l'embauche des travailleurs étrangers est réglementée. Une fois embauchés, ils bénéficient d'une égalité de traitement avec les autres salariés (principe de non discrimination). Les travailleurs saisonniers et les frontaliers sont soumis à une règlementation particulière.

• Les titres de séjour

Les étrangers travaillant en France doivent posséder :

Une carte de séjour temporaire, portant mention d'une activité professionnelle. Elle est valable une année et renouvelable. L'autorisation de travail est constituée par la mention « salarié ».	**ou**	**Une carte de résident.** Elle est délivrée aux étrangers résidant en France depuis au moins 3 ans (et dans certains autres cas, de plein droit). Elle est valable 10 ans et renouvelable de plein droit. L'étranger qui en est titulaire peut exercer la profession de son choix.

Des **régimes spéciaux** s'appliquent :
- aux réfugiés politiques et apatrides ;
- aux travailleurs algériens (certificat de résidence).

Les ressortissants de la CEE bénéficient de la libre circulation des travailleurs (Traité de Rome).

• Les obligations

Le travailleur étranger doit faire lui-même les formalités nécessaires à l'obtention de ces titres au commissariat de police à la mairie ou à la Préfecture.

L'employeur qui embauche un étranger doit vérifier qu'il possède bien les titres de séjour obligatoires et qu'il a subi un contrôle médical. Une attestation d'embauche doit être remise.

La loi quinquennale pour l'emploi du 19 novembre 1993 prévoit qu'en cas de détachement temporaire de salariés en France par une entreprise étrangère, l'employeur doit appliquer les dispositions législatives, réglementaires et conventionnelles en vigueur en France.

Cette obligation s'applique à la réglementation du travail (rémunération, durée, conditions de travail) et en matière de sécurité sociale.

La loi française prend ainsi acte d'une décision de la Cour de Justice des Communautés européennes (27 mars 1990 : *Sté Rush Portuguesa* contre *Office national d'Immigration*) relative aux pratiques de « dumping social » de certaines entreprises.

• Le recrutement à l'étranger

Il doit obligatoirement être fait par l'Office des Migrations Internationales (OMI). Les employeurs doivent lui verser une redevance par étranger recruté.

• Les sanctions

Si un employeur embauche un travailleur étranger en violation de ces règles, les sanctions sont les suivantes :

Le travailleur étranger n'encourt aucune sanction. Il a envers son employeur (salaire, ancienneté dans l'entreprise...) les mêmes droits que si le contrat de travail était régulier. Il a droit à une indemnité forfaitaire de rupture (un mois de salaire).

L'employeur est poursuivi devant le tribunal correctionnel pour ce délit et peut encourir des peines d'amende (30 000 F) et/ou d'emprisonnement (3 ans).

• L'aide sociale en faveur des immigrés et de leurs familles

L'importance de la population étrangère dans certaines régions et les difficultés d'insertion ont motivé l'adoption de plusieurs dispositions telles que la représentation des immigrés dans des instances consultatives (Conseil national des populations immigrées...), des mesures spécifiques de formation professionnelle.

• L'aide à la réinsertion

- Pour favoriser le retour dans le pays d'origine et faciliter la réinsertion des étrangers involontairement privés d'emploi, différents textes prévoient :
  – une aide publique, versée par l'État ;
  – une aide assurée par le régime d'assurance-chômage.

  Les dossiers sont instruits par l'OMI.
- Le FAS (Fonds d'Action Sociale) peut, par ailleurs, aider le retour volontaire des travailleurs étrangers.

• *Les priorités de réembauchage*

Elles existent au profit de certaines catégories de salariés qui doivent être réembauchées en priorité en cas de création d'emploi dans leur ancienne entreprise ; ces emplois doivent être compatibles avec leur qualification.

Ce droit doit être respecté pendant une période de un an à compter de la rupture :

– les licenciés pour motif économique (voir p. 62),
– les jeunes salariés, au retour du service national,
– les salariés ayant bénéficié d'une convention de conversion,
– les anciens parlementaires, à l'issue de leur mandat,
– les femmes ayant rompu leur contrat de travail pour élever leur enfant.

10

Le contrat de travail

C'est une convention par laquelle une personne, le salarié, met son activité professionnelle à la disposition d'une autre personne, l'employeur, qui lui verse en contrepartie un salaire et a autorité sur elle.

Il peut prendre différentes formes :

Contrat de travail

Tâches durables et permanentes	Tâches non durables
Contrats : – à durée indéterminée ; – à temps partiel.	Contrats : – à durée déterminée ; – de travail temporaire.

RÈGLES GÉNÉRALES APPLICABLES AU CONTRAT DE TRAVAIL

Éléments constitutifs

- **La prestation de travail.**
- **La rémunération.**
- **Le lien de subordination juridique.**

La *subordination juridique,* caractérisée par le pouvoir de *direction*, de *surveillance, d'instruction* et de *commandement* de l'employeur à l'égard du salarié, permet de distinguer le contrat de travail :

– du contrat *de mandat :* une personne est chargée d'en représenter une autre pour accomplir une ou plusieurs tâches ;

Ex. : agent d'assurances.

– du contrat *d'entreprise :* une personne se charge de faire un ouvrage pour autrui moyennant une rémunération, en conservant son indépendance dans l'exécution du travail ;

Ex. : artisan.

– du contrat *de société :* deux *ou* plusieurs personnes conviennent de mettre en commun des biens ou leur industrie en vue de partager le bénéfice ou de profiter de l'économie qui pourra en résulter (art. 1832 du Code civil).

• Contrat de travail ou contrat de sous-traitance ?

Certaines entreprises font travailler des personnes qui se déclarent artisans ou travailleurs indépendants. Ces entreprises ne sont donc plus des employeurs avec toutes les obligations que cela comporte (cotisations sociales, règles de sécurité, licenciement difficile...). Mais en réalité, ces « travailleurs indépendants » ont remplacé des salariés ; ils sont payés mensuellement et ne travaillent que pour l'entreprise concernée.

Les tribunaux, s'ils estiment qu'il y a en fait lien de subordination, requalifient le contrat de sous-traitance en contrat de travail avec des conséquences rétroactives possibles. La chambre criminelle de la Cour de cassation a condamné dans ces conditions un employeur pour des règles de sécurité non respectées, l'employeur prétendait ne pas avoir ces obligations de sécurité car il s'agissait d'un contrat de sous-traitance (Arrêt *Guegan* 29 octobre 1985).

De même, la Sécurité sociale peut exercer des contrôles et exiger le paiement rétroactif des cotisations dues par l'employeur avec des conséquences financières désastreuses pour l'entreprise.

La loi du 11 février 1994 (dite « Initiative et entreprise individuelle »), pour prévenir des problèmes, a :

– introduit une présomption simple de travail indépendant, hors de tout contrat de travail, pour les personnes physiques immatriculées au RCS, au répertoire des métiers, au registre des agents commerciaux ou auprès des URSSAF ;

– précisé dans l'article 120-3 nouveau du Code du travail que la preuve contraire peut être faite s'il y a un lien de subordination juridique permanent ;

– donne le droit aux entreprises concernées d'interpeller, à titre préventif, l'URSSAF sur la qualification qu'elle entend apporter au contrat. Faute de réponse de l'URSSAF dans un délai de deux mois, les personnes ne sont pas considérées comme des salariés.

• Caractères

• **Consensuel :** le consensualisme est la règle, mais un écrit est devenu obligatoire, même pour les contrats à durée indéterminée (depuis une Directive communautaire en application depuis le 1er juillet 1993). Néanmoins, ce n'est pas une condition de validité du contrat.

- **A titre onéreux :** versement du salaire.
- **Synallagmatique :** il comporte des obligations réciproques.

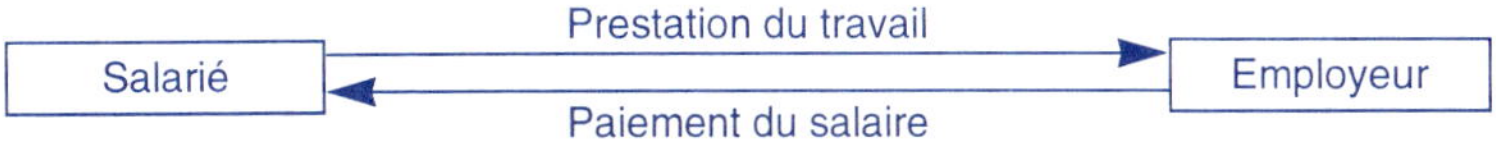

Ces obligations sont interdépendantes. Quand la prestation de travail n'est pas fournie, le salaire n'est pas dû.

- **Successif :** les prestations sont échelonnées dans le temps.
- **De gré à gré :** bien que la liberté de discussion des contractants soit de plus en plus restreinte par la loi, les conventions collectives... ou sous la pression économique.
- C'est un contrat conclu **intuitu personae :** fondé sur le choix de la personne, du moins en ce qui concerne le salarié.

  Ex. : il ne peut se faire remplacer sans l'accord de l'employeur.

● *Conditions de validité*

- **La capacité des parties**[1] : dans la pratique, on admet que le mineur s'engage seul (autorisation tacite du représentant légal qui peut cependant manifester expressément son opposition).
- **L'objet et la cause :**
  - doivent être licites (= conformes à la loi) ;
  - le contrat ne peut avoir pour objet une activité contraire aux bonnes mœurs et à l'ordre public.
- **Le consentement :** il doit être personnel, réciproque, non vicié. Les vices du consentement sont :

L'erreur	elle peut porter sur l'objet de la convention, la personne du contractant (puisqu'il s'agit d'un contrat *intuitu personae*) ; elle doit être substantielle et déterminante.
La violence	elle peut être physique, mais est le plus souvent morale. Ex. : contrat avec des clauses défavorables imposé à un salarié qui a des besoins pressants d'argent (Cass. sociale, 1965) ou encore chantage envers un employeur.
Le dol	tromperie par des manœuvres tendant à provoquer une erreur. Ex. : s'attribuer des diplômes, de l'expérience que l'on n'a pas. Il faut qu'il s'agisse de qualités déterminantes, c'est-à-dire qui ont décidé l'employeur à l'embauche.

(1) Capacité : il s'agit de la capacité d'exercice = aptitude à exercer certains droits.

Sanctions :

La nullité peut frapper :

- une clause du contrat : la clause est réputée non écrite, le contrat demeure ;
- le contrat en entier (incapacité, objet illicite…).

La nullité n'a pas d'effet rétroactif : elle ne joue que pour l'avenir. Le travail ayant été accompli, l'employeur devra verser les salaires et délivrer un certificat de travail.

• *La durée du contrat*

- Le contrat à durée indéterminée est la règle (art L. 121-5 C.trav.).
- Le contrat à durée déterminée est l'exception (voir p. 50).

• *La preuve du contrat*

- L'écrit étant devenu obligatoire pour tous les contrats, la preuve est facilitée (ceci n'a d'ailleurs jamais vraiment posé problème).
- La lettre d'engagement est une preuve suffisante.
- Le bulletin de paie constitue un commencement de preuve par écrit.

LE DÉROULEMENT DU CONTRAT DE TRAVAIL DANS LE TEMPS

• *Le recrutement*

Une loi du 31 décembre 1992 a déterminé des règles en vue de mettre un frein à certaines pratiques abusives en matière de recrutement :

- les informations demandées au candidat ne peuvent avoir comme finalité que d'apprécier sa capacité à occuper l'emploi proposé ou ses aptitudes professionnelles ;
- le candidat à un emploi doit avoir été informé au préalable des méthodes et techniques d'aide au recrutement ;
- le comité d'entreprise doit être informé sur ces méthodes ou techniques.

• *L'embauche*

• Le libre choix et ses limites

Le principe est celui du libre choix pour les parties ; cependant, les critères ne doivent pas être discriminatoires (voir p. 30).

• La déclaration unique d'embauche (DUE)

Elle peut être utilisée depuis le 1er janvier 1996 (Plan pour l'emploi du 22 juin 1995) par tous les employeurs embauchant un salarié, à l'exception des particuliers.

Il s'agit d'un document tenant sur une seule feuille qui doit être adressé à l'URSSAF.

La déclaration unique d'embauche vaut déclaration auprès des organismes concernés.

Elle doit être faite avant l'embauche, bien qu'aucune indication de délai ne soit donnée dans les textes.

Cette déclaration unique regroupe 11 déclarations et formalités qui auraient dû être accomplies séparément pour la plupart d'entre elles ; l'URSSAF y trouvera les renseignements qui lui sont nécessaires et les transmettra aux autres organismes.

L'URSSAF

utilisera :

- Le n° matricule de l'employeur.
- La demande d'immatriculation du salarié au régime de Sécurité sociale.
- La déclaration nominative préalable à l'embauche.
- La déclaration d'embauche, d'un premier salarié en vue de l'exonération des cotisations patronales de Sécurité sociale.
- La déclaration d'embauche, d'un second et d'un troisième salarié, en vue d'exonération.

transmettra à différents organismes :

- ASSEDIC en vue de l'assurance chômage.
- ANPE en cas d'embauche d'un chômeur.
- ANPE pour bénéficier éventuellement de l'aide au premier emploi des jeunes.
- DDTEF.

Cette transmission pourra être effectuée, dans des conditions à déterminer, par télématique ou échange de données informatisées.

Il serait envisagé de rendre obligatoire l'utilisation de la déclaration unique au 1er juillet 1996.

• *Interdiction du travail clandestin (ou travail « au noir »)*

• **Définition :** l'emploi salarié clandestin est celui qui est « non déclaré dissimulé et en fraude des droits du fisc et de la Sécurité sociale » (1).

(Le travail clandestin concernant les étrangers est traité p. 35).

(1) G. Lyon-Caen et J. Pélissier, *Précis de droit du travail*, éd. Dalloz.

- **Obligations de l'employeur :** si l'employeur (ce peut être un professionnel ou un particulier) a effectué les formalités relatives à l'embauche, il ne pourra être poursuivi pour travail clandestin.
  Lorsque le donneur d'ouvrage n'est pas un particulier (en cas de sous-traitance, notamment), il doit se faire remettre par l'employeur un certain nombre de documents (attestation de déclaration sociales...) qui lui donneront la certitude qu'il ne fait pas travailler des salariés clandestins.
- **Sanctions :** elles sont constatées par les inspecteurs du travail, les officiers de police... :
  - pénales : depuis le 1er janvier 1994 : 2 mois d'emprisonnement et/ou 200 000 F d'amende ; si l'employeur est une personne morale, le montant de l'amende peut être multiplié par 5 ;
  - civiles : l'employeur et le salarié sont tenus solidairement du paiement à l'État ou aux organismes publics des sommes qui auraient dû être perçues.

● *Le contrat à l'essai*

L'engagement définitif est souvent précédé d'une période d'essai pendant laquelle l'employeur peut apprécier les aptitudes professionnelles du salarié et ce dernier l'intérêt et les conditions du travail.

Il ne faut pas confondre :

• L'essai professionnel

Il consiste en une épreuve technique de courte durée, pour vérifier les aptitudes du salarié. Le salarié n'est pas encore embauché.

• La période d'essai

- Elle constitue une première phase du contrat de travail (à ne pas confondre avec l'essai professionnel).
- Elle ne se présume pas, il faut un écrit.
- Sa durée varie selon les conventions collectives, le contrat de travail et les usages (de 1 semaine à 3 mois). Si l'employeur cherche à imposer une période d'essai anormalement longue, les tribunaux requalifient en contrat de travail.
- Le salarié est rémunéré normalement.
- Pendant cette période, le salarié ou l'employeur peuvent mettre fin au contrat sans préavis ni indemnité de rupture.
- Dans les contrats à durée déterminée : elle ne peut dépasser un maximum variable selon la durée du contrat.
- La période d'essai peut être renouvelée ou prolongée, à condition qu'il y ait accord exprès de l'intéressé (la simple poursuite du travail ne

suffit pas., Cass. soc. 23 mars 1989), que la convention prévoit cette possibilité (Cass. soc. 30 mars 1995) et que la durée ne soit pas alors abusive.

Si, à l'issue de la période d'essai, le salarié est embauché, le contrat de travail sera considéré comme ayant débuté au premier jour de la période d'essai.

• *L'exécution du contrat de travail*

Les obligations des parties résultent non seulement du contrat, mais aussi des conventions collectives, de la loi, des usages et du règlement intérieur.

• Obligations générales

- ***de l'employeur***
  - *Procurer le travail* et fournir les moyens nécessaires à son exécution.
  - *Rémunérer* le salarié au taux et aux dates convenus.
  - Respecter la *réglementation* légale impérative (durée du travail, hygiène...) et la convention collective.
  - S'acquitter de toutes cotisations.
- ***du salarié***
  - Exécuter *personnellement* le travail.
  - L'exécuter *avec diligence.*
  - Respecter *la discipline* et notamment le règlement intérieur.
  - Agir avec *loyauté :* tout acte de concurrence est sanctionné.
  - Respecter une obligation de discrétion, et même de secret.

• Clauses particulières

Les clauses les plus souvent rencontrées sont les suivantes :

- ***Clauses prévoyant des avantages pour le salarié***

– *Logement accessoire* au contrat de travail

Le droit du salarié sur le logement prend fin en même temps que le contrat de travail.

Il s'agit d'un avantage en nature qui est pris en compte au regard de la Sécurité sociale, du fisc, du calcul de l'indemnité de congé payé, au regard du SMIC, et du calcul de l'indemnité compensatrice de préavis.

– *Voiture de fonction*

Plusieurs solutions sont possibles (voiture de société ou utilisation d'un véhicule personnel moyennant indemnisation).

Cet avantage en nature est pris en compte pour le calcul des cotisations sociales, mais pas d'un point de vue fiscal.

- ***Clauses prévoyant des engagements pour le salarié***

  – *Mobilité*

  Par cette clause, le salarié s'engage à accepter toute mutation éventuelle ; toutefois cette mutation devra être décidée par l'employeur pour un motif réel ; sinon, la rupture du contrat de travail lui serait imputable. Elle est de plus en plus utilisée.

  – *Non-concurrence*

  L'employé s'engage à l'issue de son contrat à ne pas concurrencer l'entreprise soit par un réembauchage dans une entreprise concurrente soit par la création d'une telle entreprise, directement ou indirectement.
  Ces clauses pour être valables doivent être limitées dans le temps (généralement 2 ans, mais parfois 5 ans), et dans l'espace, elles ne doivent pas interdire au salarié d'exercer toute activité professionnelle.
  Généralement cette clause est assortie d'un engagement de l'employeur de verser une indemnité compensatrice au salarié pendant la période de non-concurrence. Si la convention collective prévoit l'indemnité compensatrice, le contrat ne peut y déroger.
  L'employeur ne peut renoncer unilatéralement à la clause de non-concurrence assortie d'une contrepartie financière que si le contrat le prévoyait (Cass. 17 février 1993).

  – *Engagement au secret professionnel*

  – *Dédit-formation*

  Clause par laquelle, en contrepartie d'une formation qui lui est assurée, le salarié s'engage à rester dans l'entreprise pendant un certain temps, faute de quoi il devra verser une indemnité de frais de formation.

- ***Inventions des salariés***

On distingue deux types d'inventions :

- *L'invention faite par le salarié dans l'exécution de son contrat de travail, dans le cadre d'études et de recherches qui lui sont confiées.*
  L'invention et le brevet appartiennent à l'entreprise.
  Cependant, le Code de la propriété intellectuelle de 1992 a prévu que l'employeur a l'obligation de verser au salarié une rémunération supplémentaire, généralement prévue par les conventions collectives.

- *L'invention faite par un salarié qui n'avait pas une mission de recherche.*
  L'invention et le brevet appartiennent au salarié, mais l'employeur peut faire valoir son droit de priorité s'il veut acheter le brevet.

• *Événements survenant au cours du contrat de travail*

• La suspension

Suspension du fait du salarié

Maladie	Le salarié doit informer son employeur le plus rapidement possible et fournir un certificat médical. Il est interdit de licencier un salarié en raison de son état de santé ou de son handicap (loi du 12 juillet 1990). Cependant si la maladie se prolonge et perturbe le bon fonctionnement de l'entreprise (elle rend nécessaire le remplacement du salarié), elle peut devenir une cause réelle et sérieuse de licenciement. L'évaluation du temps nécessaire pour entraîner la rupture varie selon les cas d'espèces. Pendant la suspension, certains accords prévoient le maintien de tout ou partie du salaire.
Grossesse ou maternité	Les périodes de suspension sont étudiées p. 172.
Accident du travail ou maladie professionnelle	Le travail est suspendu, sans limitation de durée. A l'issue de la suspension, le salarié retrouve son emploi s'il y est déclaré apte par le médecin du travail ; dans le cas contraire, un emploi approprié doit lui être proposé.
Obligations militaires	Le contrat est suspendu seulement pendant la période de présélection (3 jours), le rappel sous les drapeaux et l'appel en cas de guerre.
Exercice de fonctions publiques ou professionnelles	C'est le cas des membres d'un conseil municipal, général ou régional, de représentants d'associations familiales, conseiller prud'homal, juré d'assises... L'employeur ne peut refuser la suspension. Suivant les cas, le salarié est payé ou non.
Grève	Voir p. 153.

Les différents congés (voir p. 83 et suivantes) suspendent également le contrat de travail.

Suspension du fait de l'employeur

Fermeture provisoire de l'entreprise	– pour cas de force majeure : l'employeur est dispensé de verser la rémunération ; par contre, le lock-out est, dans certains cas, illicite (voir p. 156). – suite à une décision de justice ordonnant la fermeture temporaire (sanction d'un délit) : le salaire doit être versé ; – en cas d'intempéries : il existe une réglementation particulière pour les entreprises du bâtiment et des travaux publics.
Mise à pied disciplinaire	Voir p. 69.
Mise à pied pour raisons économiques	Il s'agit d'une situation de chômage technique.

• Modifications du contrat de travail

• *Conditions d'emploi*

La jurisprudence distingue deux types de modifications :

– les modifications non substantielles,
– les modifications substantielles.

Ce n'est pas la nature de la modification qui est prise en compte, mais son importance.

Ex. : la modification du lieu ou de l'horaire de travail ou des tâches peut être, selon les circonstances, une modification substantielle ou non substantielle.

	Modifications non substantielles	**Modifications substantielles**
Exemples	Déplacement de .l'entreprise dans la même ville.	Transfert de l'entreprise de Paris à Bordeaux (en l'absence de clause de mobilité).
Définition	Elle porte sur des éléments secondaires du contrat de travail.	Affecte un élément déterminant du contrat ou en bouleverse l'exécution.
Analyse	C'est la manifestation du pouvoir de direction de l'employeur. Le refus est assimilé à un manquement du salarié à ses obligations contractuelles (Cour cass. juin-juillet 1992).	Le refus n'est pas considéré comme un manquement du salarié à ses obligations contractuelles.

	Modifications non substantielles	Modifications substantielles
Conséquences	***Pour l'employeur :*** aucun formalisme particulier n'est imposé. ***Pour le salarié :*** en cas de refus, il peut être considéré comme démissionnaire et, dans ce cas, il n'a droit à aucune indemnité ; son refus peut aussi entraîner son licenciement (dans certains cas pour faute grave).	– L'acceptation de la modification par le salarié ne se présume pas ; l'employeur doit solliciter son acceptation. – En cas de refus, l'employeur peut ou bien rétablir l'intéressé dans ses droits ou sera considéré comme ayant pris l'initiative de la rupture (licenciement).

La loi quinquennale pour l'emploi du 20 décembre 1993 prévoit que l'employeur qui, pour motif économique, envisage d'apporter une modification substantielle au contrat de travail, doit informer le salarié par lettre recommandée avec accusé de réception. Le salarié dispose d'un mois pour faire connaître son refus éventuel ; à défaut de réponse dans ce délai, le salarié sera réputé avoir accepté la modification proposée.

- ***Situation juridique de l'employeur***

L'article L. 122.12 du code du travail prévoit qu'en cas de modification de la situation juridique de l'employeur (succession, vente, fusion...), les contrats de travail en cours doivent se poursuivre.

Les tribunaux interprètent cette règle de façon large et examinent s'il y a activité analogue et persistance des mêmes possibilités d'emploi (maintien de postes de travail semblables).

Les litiges sont assez nombreux sur ce point, notamment dans le domaine de la prestation de services (entreprise de nettoyage...).

Lorsque le contrat est résilié avec une entreprise et qu'une autre lui succède en continuant la même activité, deux questions principales se posent :

- l'entreprise qui reprend l'activité est-elle tenue de maintenir les contrats de travail ?
- l'entreprise qui a perdu le marché peut-elle licencier ?

La Cour de cassation a rendu en assemblée plénière, le 16 mars 1990, des arrêts de principe, rejoignant la jurisprudence de la Cour de justice des communautés européennes ; elle a jugé :

- que l'article L. 122.12 s'applique à condition qu'il y ait eu transfert d'une « entité économique conservant son identité » et que l'activité ait été reprise ;
- qu'il n'est pas nécessaire qu'il y ait un lien de droit entre les entreprises successives ;
- que la seule perte de marché ne justifie pas le licenciement.

• Mutation du salarié dans une autre entreprise

Les entreprises alliées pratiquent parfois ces arrangements.

- ***Transfert du salarié***

  Il s'agit de deux contrats de travail successifs ; le salarié ne peut bénéficier de son ancienneté ou de ses avantages acquis, sauf si l'accord de transfert le prévoyait.

- ***Détachement du salarié***

  Il s'agit d'une mise à disposition de main-d'œuvre ; il n'y a pas de changement d'employeur et à l'issue du détachement, le salarié doit être réintégré ; c'est l'employeur initial qui doit continuer à assurer ses obligations (salaires…) ; mais le contrôle est exercé par la deuxième entreprise (règlement intérieur, responsabilité, conditions de travail…).
  Pour éviter toute confusion, il est souhaitable que le contrat de détachement soit explicité.

- ***Mutation à l'intérieur d'un groupe de sociétés***

  La situation manque parfois de clarté ; s'agit-il d'un transfert ou d'un détachement ? La jurisprudence retient fréquemment la responsabilité de la société mère, au nom d'une certaine solidarité entre les sociétés d'un même groupe.

LES DIFFÉRENTS TYPES DE CONTRATS DE TRAVAIL

• Le contrat à durée indéterminée

C'est le contrat conclu sans que son terme soit fixé d'avance. Il demeure le contrat de droit commun et sa rupture obéit à des règles particulières (voir p. 54).

• Le contrat de travail à temps partiel

(lois du 31 décembre 1992 et du 19 novembre 1993)

Ce type de contrat jouit d'une faveur croissante, il constitue un instrument de flexibilité et sa mise en place vise souvent à éviter des licenciements [1].
Le contrat de travail à temps partiel est un contrat qui prévoit une durée du travail réduite d'au-moins 1/5e par rapport à la durée légale ou conventionnelle.

> Ex. : pour une durée légale de 39 heures : durée « plafond » du temps partiel : 31 heures 20 minutes, arrondie à 32 heures.

(1) En 1996, il concerne 15,6 % des salariés ; certaines entreprises l'ont adopté comme moyen de gestion des effectifs, sans pour cela créer des emplois.

– La loi ne prévoit aucune durée minimale, mais un minimum d'heures peut être imposé par une convention ou un accord collectif.
– Depuis la loi du 20 décembre 1993, le temps partiel peut être annualisé : la répartition des heures travaillées sur l'année est libre (l'avis des délégués du personnel ou du comité d'entreprise doit être demandé).
– L'employeur bénéficie d'un abattement de 30 % sur les cotisations patronales de Sécurité sociale si la durée du travail est comprise entre 16 et 32 heures hebdomadaires (ou l'équivalent calculé sur l'année).

• Mise en place

• *Liberté pour l'employeur*

Il prend l'initiative de créer des postes à temps partiel, d'en fixer le nombre ; mais la loi du 3 janvier 1991 prévoit pour les salariés un droit de demander des postes à temps partiel (les modalités de ce droit doivent être fixées par des accords collectifs).

• *Volontariat pour le salarié*

Un employeur ne peut obliger un salarié à accepter un emploi à temps partiel. Le refus du salarié ne constitue ni une faute, ni un motif de licenciement.
– Les salariés en place dans l'entreprise ont priorité pour l'attribution d'un poste à temps partiel.
– Les salariés ont un droit à la demande de postes à temps partiel (les modalités de ce droit doivent être fixées par des accords collectifs).

• *Procédure*

– L'avis du comité d'entreprise (ou, à défaut, celui des délégués du personnel) est nécessaire ;
– Cet avis est transmis dans un délai de 15 jours à l'inspecteur du travail.

• Le contrat

• *Forme*

Il doit être écrit, comporter des mentions obligatoires.

• *Effets*

Il y a égalité des droits entre salariés à temps partiel et salariés à temps complet.

Sur le plan individuel

– Le salaire : la rémunération du salarié à temps partiel est proportionnelle à celle du salarié qui, à qualification égale, occupe à temps complet un emploi équivalent dans l'entreprise.
– L'ancienneté, le droit aux congés payés s'apprécient normalement au prorata du temps de travail.

Sur le plan collectif

Les salariés à temps partiel bénéficient des mêmes droits collectifs que les salariés à temps complet.

• Le contrat de travail à durée déterminée Le contrat de travail temporaire

– La pratique de ces contrats est ancienne ; face aux abus, une ordonnance de février 1982 avait strictement déterminé les cas de recours ;
– une ordonnance du 11 août 1986 a eu pour objectif de supprimer les rigidités et notamment les cas de recours, tout en maintenant des garanties pour les salariés ;
– la loi du 12 juillet 1990 réglemente plus strictement le recours à ces contrats (en recréant des listes de cas de recours) et tente d'améliorer le statut des salariés.

Cette législation n'a pas freiné le recours à ces contrats précaires.

Le **contrat à durée déterminée** est celui dont le terme est fixé dans le contrat (de date à date, ou à terme incertain = fin de chantier, remplacement…).

On réserve la dénomination « **contrat de travail temporaire** » au cas dans lequel l'employeur contracte avec une entreprise de travail temporaire (ou « travail intérimaire ») qui met à sa disposition un salarié, chargé de mission.
La réglementation de ces deux types de contrats présente des similitudes et des différences.

Dispositions communes aux deux types de contrat

Recours à ces contrats

Ces contrats ne peuvent avoir ni pour objet, ni pour effet de pourvoir durablement à un emploi lié à l'activité **normale et permanente** de l'entreprise.
Ils ne peuvent être conclus que dans les cas expressément prévus par la loi (loi du 12 juillet 1990) :
- remplacement d'un salarié (absence temporaire, remplacement sur un poste devant disparaître, attente d'un recrutement) ;
- augmentation temporaire d'activité (accroissement temporaire, exécution d'une tâche occasionnelle, commande exceptionnelle à l'exportation, travaux urgents) ;
- emplois temporaires par nature (emplois saisonniers, emplois où il n'est pas d'usage de recourir au contrat à durée indéterminée).

Ces contrats ne peuvent être utilisés :
- pour remplacer des salariés grévistes ;
- pour effectuer des travaux particulièrement dangereux ;
- pour pourvoir un poste supprimé depuis moins de six mois par un licenciement économique (sauf remplacement d'un salarié ou exécution de travaux temporaires par nature).

Les emplois saisonniers (emplois dans l'hôtellerie, l'agriculture par exemple) sont des contrats à durée déterminée.
Tout contrat conclu en violation de la loi est réputé être à durée indéterminée.

Forme

Ces contrats doivent être ***écrits*** et comporter un certain nombre de **mentions obligatoires.**

Terme

Ces contrats peuvent avoir ou non un terme précis.
Certains doivent avoir obligatoirement un terme précis. Ce sont les contrats conclus pour :
– augmentation temporaire d'activité ;
– remplacement sur un poste devant disparaître.

Durée maximale

Contrats avec un terme précis
(contrat de date à date)
18 mois en règle générale.

9 mois pour
– attente d'une embauche définitive ;
– exécution immédiate de travaux urgents.

24 mois pour :
– contrats à l'étranger ;
– remplacement d'un poste devant disparaître ;
– commande exceptionnelle à l'exportation.

Contrats sans terme précis
Sans limitation de durée dans les cas suivants :
– remplacement d'un salarié absent ;
– départ définitif d'un salarié en cas d'attente de l'entrée en service effective d'un salarié recruté par contrat à durée indéterminée pour le remplacer ;
– emplois à caractère saisonnier ;
– emplois où il est d'usage constant de ne pas recourir au contrat de travail à durée indéterminée.

Durée maximale de 9 mois dans le cas d'attente d'un recrutement.

Ces contrats doivent également respecter une durée **minimum** dans les cas suivants :
– 6 mois pour commande exceptionnelle à l'exportation.

– absence temporaire ;
– attente d'un recrutement ;
– emplois temporaires par nature.

Renouvellement du contrat

Ces contrats peuvent être renouvelés une fois.
La durée du nouveau contrat n'est plus fixée (comme auparavant) par rapport à la durée du contrat antérieur.
Ces contrats peuvent être renouvelés à condition que :
- le contrat comporte un terme précis ;
- la durée totale du contrat, renouvellement compris, ne dépasse pas la durée maximale prévue par la loi ;
- les conditions de renouvellement aient été prévues dans le contrat initial, ou dans un avenant conclu avant l'arrivée du terme du premier contrat.

Droits des salariés dans l'entreprise utilisatrice

Ce sont les mêmes que les salariés de l'entreprise.
Ils sont pris en compte pour le calcul des effectifs en vue des élections des représentants du personnel.

Dispositions spécifiques

<table>
<tr><th>Contrat de travail
à durée déterminée</th><th>Contrat de travail
temporaire</th></tr>
<tr><td colspan="2">Parties au contrat</td></tr>
<tr><td>L'employeur contracte directement avec le salarié.</td><td>Deux contrats distincts sont établis :
– le contrat de mise à disposition entre l'entrepreneur de travail temporaire et l'entreprise utilisatrice ;
– le contrat de mission entre l'entrepreneur de travail temporaire et le salarié.</td></tr>
<tr><td colspan="2">Période d'essai
Sa durée varie en fonction de celle du contrat.</td></tr>
<tr><td>La période d'essai ne peut excéder (sauf usages ou accords collectifs contraires) :
– 1 jour par semaine, dans la limite de 2 semaines maximum lorsque la durée du contrat est inférieure ou égale à 6 mois ;
– 1 mois, lorsque la durée du contrat est supérieure à 6 mois.</td><td>La durée est fixée souvent par une convention collective, mais le maximum légal est de :
– 2 jours pour un contrat de 1 mois ;
– 3 jours pour un contrat de 2 mois ;
– 5 jours pour un contrat d'une durée supérieure à 2 mois.</td></tr>
<tr><td colspan="2">Succession des contrats
Il s'agit de la succession de contrats avec le même salarié et ayant le même objet.
Dans certains cas, l'employeur doit respecter un délai de carence entre les deux contrats ; dans d'autres cas, ce délai de carence n'existe pas.
Le délai de carence est un délai pendant lequel l'employeur ne peut pas conclure un nouveau contrat avec le même salarié.
Ce délai est toujours égal au tiers de la durée du précédent contrat.
Ex : contrat initial un an ; délai de carence : 4 mois.</td></tr>
<tr><td>Délai de carence
Ce délai de carence doit être respecté dans les cas suivants :
– remplacement sur un poste devant disparaître ;
– attente d'un recrutement ;
– accroissement temporaire d'activité ;
– exécution d'une tâche occasionnelle ;
– commande exceptionnelle à l'exportation.</td><td>Sans délai de carence
– absence temporaire d'un salarié ;
– travaux urgents ;
– emplois saisonniers ;
– emplois où il n'est pas d'usage de recourir à un contrat à durée indéterminée.</td></tr>
</table>

Contrat de travail à durée déterminée	Contrat de travail temporaire
Rupture du contrat (avant le terme)	
Elle ne peut intervenir avant le terme, sauf en cas de force majeure ou de faute grave du salarié. En dehors de ces cas, l'employeur payera au salarié une somme au moins égale à sa rémunération normale, jusqu'au terme prévu. L'employé auteur d'une rupture anticipé pourra être condamné par le tribunal à des dommages-intérêts.	*Rupture du fait de l'entreprise de travail temporaire :* L'entreprise de travail temporaire qui rompt le contrat de travail avant le terme est tenue (sauf faute grave du salarié ou force majeure) de proposer à l'intérimaire un nouveau contrat dans les 3 jours. A défaut, le salarié a droit à une rémunération égale à celle qu'il aurait perçue au terme du contrat. *Rupture du fait du salarié :* Il peut être amené à verser des dommages-intérêts à l'entreprise de travail temporaire.
Indemnité de précarité d'emploi	
Elle est allouée, sauf quelques exceptions, au salarié au terme du contrat pour compenser la précarité de l'emploi ; elle est égale à :	
– 6 % de la rémunération totale brute.	– 10 % de la rémunération totale brute.

Le non-respect de ces dispositions entraîne des sanctions pénales.

• *Le contrat de travail conclu avec un groupement d'employeurs*
(lois du 25 juillet 1985 et du 20 décembre1993)

Les entreprises (personnes physiques ou morales) occupant jusqu'à 300 salariés peuvent se regrouper en une association dont le but est de mettre à la disposition de ses membres des salariés liés au groupement par un contrat de travail :

- l'employeur est le groupement ;
- chaque entreprise utilisatrice est responsable des conditions d'exécution du travail ;
- les membres du groupement peuvent relever d'une même convention collective ; si ce n'est pas le cas, le groupement doit déclarer quelle est la convention qui lui est applicable (pouvoir de contrôle et d'opposition de l'administration).

11

La rupture du contrat de travail à durée indéterminée pour motif personnel

Le contrat de travail à durée indéterminée peut cesser par la volonté de l'une des parties : c'est le droit de résiliation unilatérale.
– à l'initiative du salarié : c'est la démission ;
– à l'initiative de l'employeur : c'est le licenciement.

Ce droit de résiliation (1) comporte des limites (le licenciement des salariés protégés sera traité p. 111).

LA DÉMISSION DU SALARIÉ

Le salarié peut signifier son congé de façon verbale ou écrite.

Les usages et les conventions collectives imposent le plus souvent au salarié l'observation d'un délai-congé (ou préavis).
En cas de démission abusive, le salarié pourrait théoriquement être condamné à verser des dommages et intérêts à l'employeur, ce qui est très rare.

LE LICENCIEMENT INDIVIDUEL

Il a été réglementé par la loi du 13 juillet 1973, elle-même modifiée par la loi du 30 décembre 1986.

Le licenciement individuel peut intervenir :
- pour un motif économique (voir p. 60) ;
- pour un motif disciplinaire ;
- pour toute autre cause, à condition qu'elle soit réelle et sérieuse (voir p. 57).

• La procédure

Trois formalités sont exigées, quelle que soit :
- la taille de l'entreprise ;
- l'ancienneté du salarié ;

(1) La résiliation d'un contrat à durée illimitée est un principe général en droit français.

- le motif du licenciement (sauf licenciement économique de plus de 10 salariés).

• Convocation à un entretien préalable

Elle doit être faite par lettre recommandée avec accusé de réception, ou en mains propres contre décharge.
Elle doit être faite dans un délai raisonnable ; la loi ne fixe pas de délai minimum quand l'entreprise est dotée de représentants du personnel (dans le cas contraire, le délai est de 5 jours).

• Entretien préalable

Le salarié peut se faire assister par une personne de son choix appartenant à l'entreprise.
S'il n'y a pas, dans l'entreprise, d'institutions représentatives du personnel, le salarié peut se faire assister par une personne extérieure à l'entreprise ; une liste départementale de ces « conseillers » du salarié est établie par le préfet : ce sont des personnes choisies pour leur expérience et leurs connaissances en droit social ; ils bénéficient de la protection en cas de licenciement (voir p. 111).
Si le salarié ne se présente pas, l'employeur peut poursuivre la procédure.

• Notification du licenciement par lettre recommandée avec accusé de réception

Un délai de réflexion doit être respecté. La lettre notifiant le licenciement ne peut être expédiée moins d'un jour franc après la date de l'entretien.
La lettre doit énoncer les motifs du licenciement.

Procédure applicable en cas de licenciement pour cause personnelle

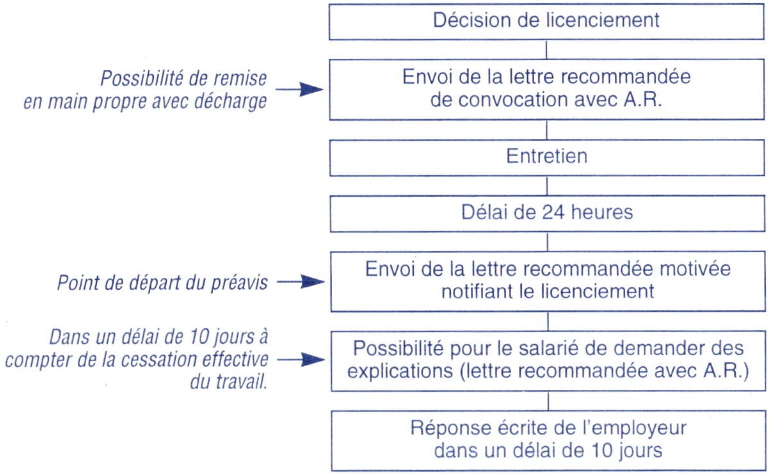

• Sanctions du non-respect de la procédure

Entreprise de **moins de 11 salariés :** pas de sanctions
Entreprise d'**au moins 11 salariés** • salarié ayant moins de 2 ans d'ancienneté : pas de sanctions • salarié ayant au moins 2 ans d'ancienneté : indemnité = 1 mois de salaire maximum

• *Le délai-congé ou préavis*

C'est la période qui doit s'écouler obligatoirement entre la notification de la rupture et la cessation effective du travail.

• Durée

Le code du travail fixe la durée en fonction de l'ancienneté :

- plus de 6 mois : 1 mois de préavis ;
- plus de 2 ans : 2 mois de préavis.

• Déroulement

Pendant le préavis, le contrat est maintenu, chacune des parties doit exécuter ses obligations.

Le salarié a le droit de prendre 2 heures rémunérées par jour pour rechercher un nouvel emploi (ces 2 heures peuvent être cumulées en fin de préavis).

• L'indemnité de préavis

Elle est égale au montant du salaire dû pendant le délai de préavis.

Toutefois le préavis, et donc l'indemnité, peuvent être supprimés :

- en cas de faute grave ou lourde du salarié (ex. : vol, coups et blessures…) ; dans ce cas, le licenciement est immédiat, l'indemnité n'est pas due ; (pour la caractérisation de la faute voir p. 58) ;
- sur demande du salarié et avec accord de l'employeur : l'accord prévoit aussi le paiement ou non de l'indemnité ;
- à la demande de l'employeur : dans ce cas, il doit payer l'indemnité.

• *L'indemnité de licenciement*

Elle est **due, sauf en cas de faute grave ou lourde,** à tout salarié qui compte au moins **2 ans** d'ancienneté.

Montant : 20 heures de salaire ou 1/10 de mois de salaire par année d'ancienneté.

• La rupture abusive

Il y a rupture abusive lorsque le licenciement a lieu sans cause réelle et sérieuse.

• Cause réelle

Le motif doit être exact et présenter un « caractère d'objectivité » c'est-à-dire se traduire par des manifestations extérieures susceptibles de vérifications.

Cas particulier de la perte de confiance

Le licenciement pour perte de confiance, fondé sur des « impressions de l'employeur » a parfois été admis par les tribunaux, mais la Cour de cassation, par un arrêt du 29 novembre 1990, a affirmé : « qu'un licenciement pour une cause inhérente à la personne doit être fondé sur des **éléments objectifs...** la perte de confiance alléguée par l'employeur ne constitue pas en soi un motif de licenciement. »

Ex. : malgré la relaxe d'un salarié en appel, il a été jugé qu'il existait des éléments objectifs justifiant la perte de confiance (Soc. 12 mars 1991).

• Cause sérieuse

Elle doit présenter un certain degré de gravité et rendre le licenciement nécessaire pour la bonne marche de l'entreprise.

Il peut s'agir de faute du salarié (absences répétées, intempérance, insubordination...) ou de motifs tenant à la bonne marche de l'entreprise (maladie prolongée, divergence de vue avec l'employeur, inadaptation à de nouvelles techniques...).

• La preuve

Le juge doit rechercher si la rupture avait une **cause réelle et sérieuse.** La charge de la preuve n'incombe ni au salarié ni à l'employeur en particulier, les deux parties doivent apporter au conseil des éléments sur lesquels il formera sa conviction (système de preuve dérogatoire au droit commun).

• L'indemnité de rupture abusive

Elle est due si le licenciement a eu lieu sans cause réelle et sérieuse.

- Salarié ayant moins de 2 ans d'ancienneté ou appartenant à une entreprise de moins de 11 salariés : indemnité calculée en fonction du préjudice subi.
- Salarié ayant 2 ans d'ancienneté et plus dans une entreprise occupant plus de 10 salariés : l'indemnité est égale ou supérieure à **6 mois** de salaire ; l'employeur doit rembourser tout ou partie des indemnités de chômage versées par les organismes concernés du jour du licenciement à celui du jugement.

En théorie, le juge peut aussi proposer la réintégration, mais elle ne peut être imposée.

• *L'indemnisation du salarié*

Des indemnités sont dues au salarié, néanmoins, la faute de celui-ci a des incidences sur le versement de ces indemnités.

• Les différents degrés de la faute du salarié

– ***La faute*** du salarié peut être considérée comme une cause réelle et sérieuse ; le Conseil de prud'hommes apprécie si elle justifie le licenciement

Ex. : le refus d'exécuter un ordre, l'abandon de poste… ont pu être considérés comme des causes réelles et sérieuses de licenciement.

– ***La faute grave :*** c'est l'employeur qui prend l'initiative de caractériser la faute ; le Conseil de prud'hommes infirme ou confirme ce caractère.
La faute grave a été définie par un arrêt de la Cour de cassation (ch. soc. 26.2.1991) comme « d'une importance telle qu'elle rend impossible le maintien du salarié dans l'entreprise pendant la durée du préavis ».
La charge de la preuve incombe à l'employeur ; ont été considérés comme fautes graves : le manquement à l'obligation de réserve, des actes de concurrence déloyale, des fautes professionnelles importantes (la seule insuffisance professionnelle, si elle justifie le licenciement, n'est pas considérée comme une faute grave)...

– ***La faute lourde :*** c'est celle « qui requiert de la part du salarié l'intention de nuire vis-à-vis de l'employeur ou de l'entreprise » (ch. soc. 29.11.1990).

• Les différentes indemnités

Le droit aux indemnités du salarié licencié est le suivant :

Licenciement abusif →	– indemnité de licenciement – congés payés – délai-congé (ou préavis) + – indemnité pour rupture abusive
Licenciement sans faute →	– indemnité de licenciement – congés payés – délai-congé (ou préavis)
Faute grave →	– ~~indemnité de licenciement~~ – congés payés – ~~délai-congé (ou préavis)~~
Faute lourde →	– ~~indemnité de licenciement~~ – ~~congés payés~~ – ~~délai-congé (ou préavis)~~

12

Le licenciement pour motif économique

(loi du 30 décembre 1986, modifiée par la loi du 2 août 1989)

RÈGLES GÉNÉRALES

Jusqu'en 1986, le licenciement économique devait faire l'objet d'une autorisation par l'inspecteur du travail ; la loi du 30 décembre 1986 a supprimé cette autorisation et la loi du 2 août 1989 ne l'a pas rétablie.

• La définition du licenciement pour motif économique

Jusqu'en 1989, cette définition n'était que jurisprudentielle. Elle est maintenant donnée par la loi :

> *Art. L. 321-1. Constitue un licenciement pour motif économique, le licenciement effectué par un employeur pour un ou plusieurs motifs, non inhérents à la personne du salarié, résultant d'une suppression ou transformation d'emploi ou d'une modification substantielle du contrat de travail, consécutive notamment à des difficultés économiques ou à des mutations technologiques.*

• La prévention du licenciement économique

Le Comité d'entreprise doit être consulté et informé une fois par an sur l'évolution de l'emploi et des qualifications au cours de l'année précédente, les prévisions, les actions de prévention et de formation.

• Les conventions de conversion (voir p. 61)

– L'allocation spécifique de conversion est versée pendant six mois ; une incitation financière et fiscale est prévue pour l'embauche des salariés bénéficiant de cette allocation.

– Une convention de conversion doit être prévue dans tous les licenciements économiques, quel que soit l'effectif de l'entreprise et le nombre de salariés concernés.

LICENCIEMENT INDIVIDUEL

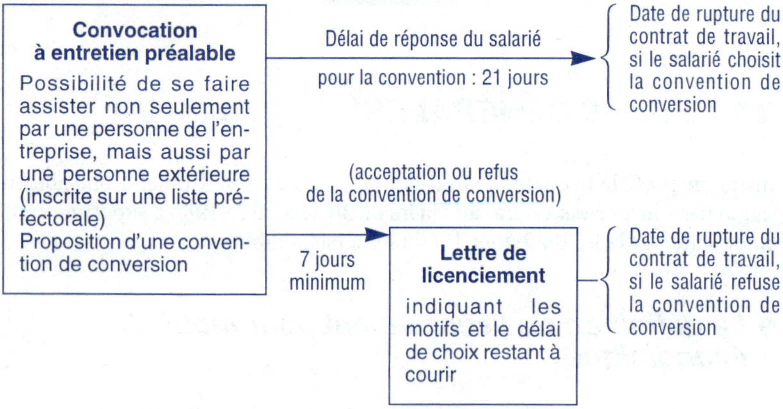

La DDTE doit être informée dans les 8 jours de la lettre de licenciement.

LICENCIEMENT ÉCONOMIQUE DE 2 A 9 SALARIÉS

La procédure est la même que pour un licenciement individuel, mais l'employeur doit, au préalable, consulter les représentants du personnel a qui il transmet toutes les informations utiles sur le projet de licenciement. Une convention de conversion doit être proposée aux salariés.

LICENCIEMENT ÉCONOMIQUE D'AU MOINS 10 SALARIÉS

<table>
<tr><th rowspan="2"></th><th colspan="3">Nombre de licenciements sur une période de 30 jours</th><th rowspan="2">En cas de recours à un expert-comptable</th></tr>
<tr><th>10 à 99</th><th>100 à 249</th><th>250 et +</th></tr>
<tr><td>Mise en œuvre d'une convention de conversion ou d'un plan social</td><td colspan="4">• Une convention de conversion doit toujours être prévue. Elle assure une formation au salarié licencié et une allocation spécifique pendant six mois. Le salarié peut l'accepter ou non. Elle est conclue entre l'entreprise, l'État et l'ASSEDIC.
• Un plan social doit être fait, dans les entreprises de plus de 50 salariés. Il comprend (1) : des mesures de nature à éviter des licenciements ; des possibilités de reclassement ; des congés de conversion.</td></tr>
<tr><td rowspan="3">Convocation des représentants du personnel (CE ou DP)</td><td colspan="4">• Une note est remise aux représentants du personnel comportant :
– les raisons du licenciement ;
– la possibilité de recourir à un expert-comptable ;
– les mesures de nature économique pour remédier à la situation de l'entreprise ;
– les critères retenus pour déterminer les salariés licenciés ;
– la liste des salariés concernés.</td></tr>
<tr><td colspan="3">• Deux réunions doivent être tenues, séparées d'un délai maximal de :</td><td rowspan="2">Si, lors de la 1re réunion, les représentants du personnel décident de recourir à un expert-comptable, une seconde réunion a lieu dans les 21 jours Les délais entre la 2e et la 3e réunion sont les mêmes que ci-contre.</td></tr>
<tr><td>14 jours</td><td>21 jours</td><td>28 jours</td></tr>
<tr><td rowspan="2">Information de l'autorité administrative (inspecteur du travail)</td><td colspan="3">Une notification est faite à l'inspecteur du travail, qui vérifie les procédures et le respect de la loi. Délai de vérification :</td><td rowspan="2">La notification à l'administration est effectuée au plus tôt au lendemain de la première réunion en mentionnant la décision du CE d'avoir recours a un expert-comptable.</td></tr>
<tr><td>21 jours</td><td>28 jours</td><td>35 jours</td></tr>
</table>

(1) Lois du 22 décembre 1992 et du 27 janvier 1993 : dans les entreprises de plus de 50 salariés qui licencient au moins 10 personnes sur une période de 30 jours, la procédure de licenciement est nulle tant qu'un plan social n'a pas été présenté par l'employeur aux représentants du personnel qui doivent être réunis, informés et consultés. Par un arrêt du 17 mai 1995, la Cour de cassation a annulé le plan social adopté par une filiale de Saint-Gobain, lui reprochant de ne pas donner de précisions sur les emplois proposés à l'intérieur du groupe. Cette jurisprudence se montre donc plus exigeante que la loi. Néanmoins, la nullité de la procédure n'entraîne pas la nullité des licenciements.

	Nombre de licenciements sur une période de 30 jours			**En cas de recours à un expert-comptable**
	10 à 99	**100 à 249**	**250 et +**	
Délai de réponse du salarié (choix ou non de la convention)	A partir de la deuxième réunion : 21 jours.			Ce délai de 21 jours part de la troisième réunion.
Critères des ordres de licenciement	Par accord collectif ou d'après les charges de famille ou l'ancienneté. La loi de 1989 a demandé de prendre en compte un critère de **fragilité** (salariés âgés ou handicapés). Un salarié peut faire une demande écrite concernant ces critères			
Lettre de licenciement recommandée avec A.R.	Cette lettre doit indiquer : – les motifs économiques ou de changement technologique ; – la possibilité de bénéficier d'un réembauchage ; – le délai de choix dont dispose encore le salarié.			
	Le délai de notification des licenciements est, à partir de la notification à l'administration, de :			Ce délai part du 14e jour suivant la notification à l'administration.
	30 jours	45 jours	60 jours	

- ## Cas des entreprises en redressement ou liquidation judiciaire

  – Il y a une seule réunion du CE.

  – Le délai de réflexion du salarié pour accepter ou refuser la convention est de 15 jours.

  – Les entreprises sans DP ni CE doivent appliquer la procédure avec entretien préalable prévue pour le licenciement individuel.

- ## Priorité de réembauchage

Pendant un an à partir de la rupture, l'employeur doit informer le salarié, qui en a fait la demande (dans le délai de 4 mois à compter de la fin de son préavis), des postes disponibles dans l'entreprise et compatibles avec sa qualification.

LES RECOURS POSSIBLES EN CAS DE LICENCIEMENT ÉCONOMIQUE

Qu'il s'agisse d'un licenciement individuel ou collectif, le Conseil de prud'hommes est compétent pour apprécier :
- *la régularité de la procédure ;*
- *le bien-fondé du licenciement.*

La régularité de la procédure

Sanctions civiles

Le salarié a droit à une réparation identique à celle prévue dans le cas du licenciement pour cause personnelle (voir p. 58).

Sanctions pénales

En cas de non-respect :
- de la procédure de consultation des représentants du personnel ;
- de la procédure de notification du projet à l'administration ;
- du délai à observer entre la notification à l'administration et l'envoi des lettres de licenciement.

L'employeur encourt une amende de 1 000 à 15 000 F par infraction (par salarié concerné).

Le bien-fondé du licenciement

La question est de savoir si le motif économique invoqué par l'employeur est réel, le salarié allègue parfois que ce licenciement est en réalité fondé sur un autre motif. Le conseil de prud'hommes se prononce sur ce point, s'il estime que le motif n'est pas véritablement économique, le licenciement sera considéré comme abusif et les sanctions sont celles présentées p. 58.

Procédure d'urgence

S'il y a contestation du caractère économique du licenciement : un décret du 29 juin 1987 a prévu une procédure d'urgence confiée à une chambre spécialisée ; les délais sont abrégés :

délais (à partir de la saisine du Conseil) → **conciliation** : 4 mois
délais (à partir de la saisine du Conseil) → **jugement** : 6 mois

13

Documents établis en cas de rupture du contrat

LE CERTIFICAT DE TRAVAIL

C'est un document qui doit être remis au salarié en cas de rupture du contrat de travail.

Son contenu est **impératif :**

- identité des parties ;
- dates d'entrée et de sortie du salarié ;
- nature de l'emploi ou des emplois successivement occupés et les périodes correspondantes.

Il ne doit contenir **aucune appréciation défavorable** au salarié.

Modèle

Employeur :

Nom ou raison sociale
Adresse – Tél.
N° d'identification
N° registre du commerce ou N° registre des métiers.

CERTIFICAT DE TRAVAIL
de M. ......

Nom, prénoms ....
Adresse ....
N° de sécurité sociale ....
Employé dans l'entreprise du .... au .... en qualité de ....
(ou, le cas échéant, emplois successivement occupés) :

Nature de l'emploi	Du	au

A .... le .... 19..	A .... le .... 19..
Signature de l'employé (pour accusé de réception)	Signature de l'employeur

LA TRANSACTION (OU DÉPART NÉGOCIÉ)

La transaction est un contrat par lequel les parties décident de prévenir tout litige relatif à la rupture du contrat.
Les employeurs y ont de plus en plus souvent recours, car elle règle définitivement le problème de la rupture, évitant des procédures parfois longues et aléatoires.

- **Conditions de validité**

  La transaction doit :
  - être établie par écrit (afin d'en garder la preuve) en double exemplaire et signée par les deux parties ;
  - comporter des concessions réciproques ; c'est une condition essentielle pour sa validité ; cependant, les concessions ne sont pas obligatoirement proportionnelles.

- **Autorité de la transaction**

  Il est difficile de la contester ; elle obéit aux règles générales de validité des conventions ; les vices du consentement pourraient être évoqués, mais il y a peu de jurisprudence.
  La force de la transaction est bien plus grande que celle du reçu pour solde de tout compte, puisqu'elle ne peut être dénoncée.
  La transaction a l'autorité de la chose jugée.
  Elle peut, comme tout contrat synallagmatique, être résolue si l'une des parties ne respecte pas ses engagements.

- **Danger et avantage de cette pratique**

  Le salarié au moment où il signe la transaction peut ne pas être informé de ses droits et accepter une somme peu supérieure aux indemnités auxquelles il aurait droit en tout état de cause.
  Cependant, l'indemnisation est immédiate et évite le trouble parfois sévère d'une procédure.

LE REÇU POUR SOLDE DE TOUT COMPTE

C'est un document par lequel le salarié qui quitte l'entreprise reconnaît, a priori, *avoir reçu l'intégralité des sommes qui lui sont dues (salaires, indemnités de licenciement, de congés payés, de départ à la retraite...).*

- Il ne doit être rédigé qu'après la cessation du contrat, lorsque l'employeur n'exerce plus son autorité sur le salarié.

- Il doit aussi :
  – être établi en deux exemplaires,
  – comporter la mention « reçu pour solde de tout compte » écrite à la main par le salarié,
  – être daté et comporter la signature du salarié,
  – mentionner clairement le délai de deux mois qui est accordé au salarié pour le dénoncer.

- **S'il est régulier,** il fait la preuve de la libération de l'employeur de toutes ses obligations.

  Contrairement au droit commun, il peut être dénoncé par le salarié dans un délai de deux mois (par lettre recommandée avec accusé de réception).

  La dénonciation doit être motivée ; dès lors, les comptes peuvent être remis en cause.

- **S'il est irrégulier** ou s'il est dénoncé, il n'est pas entièrement sans effet : il fait la preuve du paiement des sommes qui y sont énoncées.

Modèle de reçu pour solde de tout compte

Je soussigné (nom et prénoms) .... demeurant à .... reconnais avoir reçu de .... mon certificat de travail et, pour solde de tout compte, la somme de .... (somme en chiffres et en toutes lettres) en un chèque barré à mon ordre, n° ...., tiré sur .... (ou en espèces) en paiement des salaires, accessoires de salaires, remboursement de frais et de toutes indemnités, quelle qu'en soit la nature, qui m'étaient dus au titre de l'exécution et de la cessation de mon contrat de travail.

En application des articles L. 122-17 et R. 122-5 du Code du travail le présent reçu pour solde de tout compte a été établi en double exemplaire dont l'un m'a été remis, et il **pourra être dénoncé pendant un délai de deux mois à compter de ce jour.**

Fait à .... le ....

(« Pour solde de tout compte »,
mention manuscrite
portée par le salarié lui-même)

Signature de l'intéressé

- Une **attestation** doit être également remise au salarié pour lui permettre de faire valoir ses droits auprès de l'ASSEDIC ; elle est établie sur un imprimé délivré par cet organisme.

14

Les pouvoirs du chef d'entreprise Le règlement intérieur

Le chef d'entreprise a un pouvoir de commandement à l'intérieur de l'entreprise. Ce pouvoir se manifeste par :

- un pouvoir **de direction :** concernant la gestion de l'entreprise et le personnel (dans la limite des lois, règlements et conventions collectives) ;
- un pouvoir **réglementaire :** consistant à édicter des règles internes de fonctionnement dans le règlement intérieur et les notes de service ;
- un pouvoir **disciplinaire.**

Ces pouvoirs ont été mieux définis et réglementés par la loi du 4 août 1982.

LE POUVOIR NORMATIF : LE RÈGLEMENT INTÉRIEUR

C'est un document établi unilatéralement par l'employeur qui fixe les conditions d'exécution du travail dans l'entreprise.

Il est obligatoire dans toutes les entreprises employant habituellement au moins 20 salariés.

Élaboration

- Établi par écrit à l'initiative de l'employeur.
- Soumis pour avis au comité d'entreprise, à défaut aux délégués du personnel et éventuellement au CHSCT.
- Envoyé en deux exemplaires à l'inspecteur du travail. Celui-ci peut exiger « à tout moment » le retrait ou la modification des dispositions contraires aux lois et règlements ou aux conventions et accords collectifs applicables dans l'entreprise.
- Déposé au greffe du Conseil de prud'hommes.
- Affiché sur les lieux de travail et d'embauche.

Il ne peut entrer en vigueur qu'un mois après ces formalités de publicité.

L'inspecteur du travail, après vérification, peut exiger le retrait ou la modification de certaines clauses.

• *Contenu*

Il fixe exclusivement :	– les règles applicables en matière d'hygiène et de sécurité ; – les règles relatives à la discipline : la nature et l'échelle des sanctions que peut prendre l'employeur ; – les dispositions relatives aux droits de la défense des salariés en cas de sanctions disciplinaires et la procédure applicable.
Il ne peut contenir :	– des clauses relatives au contrat de travail, à la rémunération, à l'embauchage ou au licenciement, à l'ordre des licenciements collectifs.

• *Interdictions*

Le règlement intérieur ne peut comporter :

- des clauses contraires aux lois, règlements et conventions collectives ;
- des restrictions aux droits des personnes et aux libertés individuelles
  Ex. : recours a l'alcootest, fouille en toute circonstance ;
- des dispositions discriminatoires lésant les salariés « en raison de leur sexe, de leur situation de famille, de leurs origines, de leurs opinions ou confessions ou de leur handicap ».

LE POUVOIR DISCIPLINAIRE DU CHEF D'ENTREPRISE

La loi du 4 août 1982 :

- définit ce qu'est une sanction disciplinaire ;
- prévoit une procédure protectrice du salarié en cas de sanction.

La sanction disciplinaire

> *« Constitue une sanction, toute mesure, autre que les observations verbales, prise par l'employeur à la suite d'un agissement du salarié considéré par lui comme fautif, que cette mesure soit de nature à affecter immédiatement ou non la présence du salarié dans l'entreprise, sa fonction, sa carrière ou sa rémunération » (art. L. 122-40 du Code du travail).*

C'est une définition très large.

- Sont donc visés : **l'avertissement, le blâme, la mise à pied, la mutation, le blocage de la rémunération ou de l'avancement, la rétrogradation, le licenciement.**
- Les **amendes** et autres sanctions pécuniaires sont **interdites.**
- Aucun fait ne peut donner lieu à des poursuites disciplinaires au-delà d'un délai de deux mois.
- Un même fait ne peut justifier deux mesures disciplinaires.
- Les fautes disciplinaires ou professionnelles, pour des faits antérieurs au 18 mai 1995, sont amnistiées.

La procédure

- **Pour toute sanction :**
  - le salarié doit être informé des griefs retenus contre lui par une notification écrite et motivée.
- **Sauf s'il s'agit d'un avertissement :**
  - le salarié doit être convoqué à un **entretien préalable** (la convocation doit préciser son objet) ;
  - au cours de l'entretien :
    - l'employeur doit indiquer le motif de la sanction et recueillir les explications du salarié ;
    - le salarié peut se faire assister par une personne de l'entreprise ; si la sanction peut être le licenciement, le recours à un conseiller est possible (voir p. 55).

La sanction doit être notifiée à l'intéressé et motivée.

La notification ne peut intervenir moins d'un jour franc ni plus d'un mois après le jour fixé pour l'entretien.

• Recours

Le salarié peut saisir le Conseil de prud'hommes (ce qu'il fait rarement). Celui-ci peut annuler une sanction :
- irrégulière en la forme ;
- injustifiée ou disproportionnée,

mais il ne peut la modifier, sauf si l'employeur a dépassé les limites du règlement intérieur (Cass. soc., 27 février 1985).

L'ABUS D'AUTORITÉ EN MATIÈRE SEXUELLE

La loi du 2 novembre 1992 prévoit notamment :
- qu'aucun salarié « ne pourra être sanctionné ni licencié pour avoir subi ou refusé de subir le harcèlement d'un employeur, de son représentant ou de toute personne qui a abusé de son autorité… dans le but d'obtenir des faveurs de nature sexuelle » ;
- que toute personne qui a procédé à ces agissements est passible de sanctions pénales ; il s'agit d'un délit passible d'une amende de 25 000 F et/ou d'un emprisonnement de un an (dans le cadre du principe de l'égalité professionnelle).

Le nouveau Code pénal sanctionne ce délit par un an d'emprisonnement et 100 000 F d'amende.

Un arrêt de la Cour d'appel de Paris du 18 janvier 1996 condamne un employeur pour harcèlement sexuel. Cet arrêt présente un intérêt car il définit pour la première fois les notions de « faveurs de nature sexuelle » (tout acte de nature sexuelle et notamment les simples contacts physiques…) et « les agissements de harcèlement » (outre les contacts physiques, les propos dont l'objet est de provoquer sexuellement).

15

La durée hebdomadaire du travail

RAPPEL HISTORIQUE

1841 : loi en faveur des enfants : 12 heures pour les enfants de 12 à 16 ans, 8 heures pour les enfants de 8 à 12 ans ;

1848 : journée de 12 heures pour tous les ouvriers ;

1919 : loi instituant la journée de 8 heures ;

1936 : principe de la semaine de 40 heures ;

1979 : durée maximale hebdomadaire de 50 heures ;

1982 : durée légale hebdomadaire de 39 heures ;

1986 et 1987 : modulation annuelle des horaires de travail ;

1993 : élargissement des possibilités de modulation.

- Une directive communautaire de 1993 doit être transposée dans le droit national **avant le 23 novembre 1996** concernant les conditions de travail de nuit, le repos journalier et hebdomadaire.
  La durée du temps de travail est une question à l'ordre du jour, évoquée par des politiques et des partenaires sociaux, dans un but de lutte contre le chômage.
- Un accord national interprofessionnel de **1995** prévoit une obligation de négocier tous les trois ans sur les questions de temps de travail.

DURÉE LÉGALE

• Hebdomadaire

Elle est de 39 heures par semaine (169 heures par mois) et ne peut dépasser 10 heures par jour.

• Les durées maximales

Tout dépassement doit recueillir l'avis des représentants du personnel et l'autorisation de l'inspecteur du travail.

Durée maximale journalière	Durée maximale hebdomadaire
Elle est de 10 heures par jour (sauf dérogations fixées par décret).	– 48 heures au cours d'une même semaine ; – 46 heures hebdomadaires en moyenne sur une période de 12 semaines consécutives.

LES HEURES SUPPLÉMENTAIRES

Ce sont les heures effectuées au-delà de la durée légale et qui donnent droit à une majoration de salaire.

• Règles de base

- les heures supplémentaires s'évaluent dans le cadre de la semaine ;
- ces heures sont majorées [1] :
  - de 25 % pour les 8 premières heures ;
  - de 50 % au-delà.

• Contingent annuel d'heures supplémentaires

L'ordonnance du 12 janvier 1982, complétée par décret, a fixé un contingent annuel maximum de 130 heures supplémentaires (par salarié) pouvant être effectuées sans autorisation de l'inspecteur du travail.
S'il y a accord des représentants du personnel, le paiement peut être remplacé par un repos compensateur (voir p. 76).

Il faut noter que :

- les cadres sont rarement concernés par cette réglementation ;
- pour le personnel mensualisé, quand le travail comporte un nombre régulier d'heures supplémentaires, une rémunération forfaitaire peut être convenue par contrat (convention de forfait) ;
- dans la conjoncture économique actuelle, et dans certains secteurs, il semble que les salariés renoncent parfois à faire valoir leurs droits concernant le paiement des heures supplémentaires.

(1) Sous réserve d'accords de modulation annuelle de la durée du travail (voir p. 74).

LES HEURES D'ÉQUIVALENCE

Pour certaines professions, la durée équivalente à la durée légale peut être supérieure ou inférieure à 39 heures.

- **Supérieure**
  - pour les professions où le travail est discontinu :
    - cuisiniers : 43 heures correspondent à 39 heures de travail effectif ;
    - veilleurs de nuit : 52 heures.

  Ces dernières années, des équivalences ont été supprimées pour plusieurs professions.

- **Inférieure**
  - pour certains travaux pénibles : mines, contrôleurs de la navigation aérienne…

LA RÉPARTITION DU TEMPS DE TRAVAIL

La répartition collective du temps de travail

- **Principe**

  La réglementation mise en place en 1936 fixe le principe d'un horaire collectif, c'est-à-dire de l'uniformité des horaires de travail pour l'ensemble des salariés d'une entreprise.

- **Exceptions**
  - **Le travail en équipes** (appelé aussi travail posté) :

  Il peut s'agir d'équipes successives, chevauchantes, alternantes.
  L'ordonnance du 16 janvier 1982 prévoit la possibilité de mettre en place des équipes de suppléance, dans le but d'une utilisation des équipements 7 jours sur 7 : une équipe de salariés remplace l'équipe de travail qui prend son repos hebdomadaire en fin de semaine.

  Cette organisation n'est possible que :
    - dans le secteur industriel ;
    - si un accord collectif de branche le prévoit et si cet accord a été étendu ; un accord d'entreprise peut alors mettre en place ces équipes ;
    - si, à défaut d'accord collectif, l'autorisation de l'inspecteur du travail a été demandée et donnée.

- **Les horaires individualisés** (ou : à la carte, variables, flexibles…)

La journée de travail est découpée en « plages » :
- plages fixes : tout le personnel doit être présent ;
- plages variables : les salariés peuvent choisir leur temps d'absence ou de présence.

Exemple

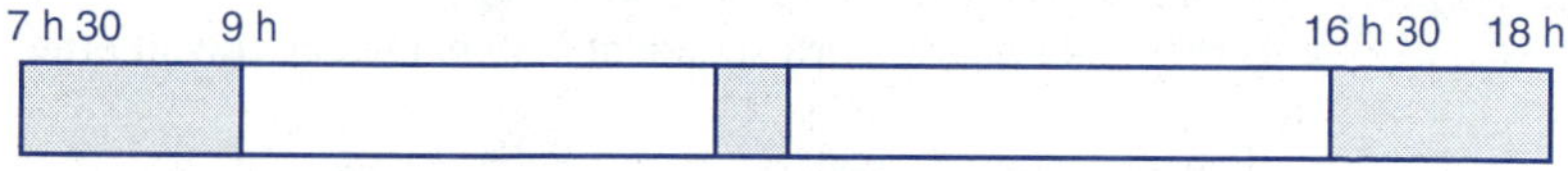

Plages variables : chaque salarié peut fixer ses heures d'arrivée ou de sortie à l'intérieur de ces plages.

Plages fixes : tout le personnel de l'entreprise doit être présent.

- **Conditions de mise en application**
  - il faut l'accord du comité d'entreprise ou des délégués du personnel ;
  - l'inspecteur du travail doit être informé ;
  - l'amplitude de la journée de travail ne doit pas dépasser 10 heures pour un salarié.

• *La répartition hebdomadaire du temps de travail*

La répartition du temps de travail se fait sur la semaine ; plusieurs modalités sont possibles : sur 6 jours, 5 jours 1/2, 5 jours. La répartition sur 4 jours est soumise à plusieurs conditions (avis du CE, information à l'inspection du travail).

• *La répartition annuelle du temps de travail*
(lois du 19 juin 1987 et du 19 novembre 1993)

La **modulation** consiste à répartir la durée du travail sur l'année pour faire face aux fluctuations d'activité ; ce dispositif évite le recours aux heures supplémentaires ou au chômage partiel.
Des accords de modulation ont été prévus par le législateur et beaucoup ont été conclus depuis, afin de donner plus de souplesse à l'organisation du travail dans l'entreprise et éviter des surcoûts dûs aux fluctuations du travail.

- **Par convention ou accord collectif**

Une convention ou un accord collectif étendu ou un accord d'entreprise peut prévoir que la durée hebdomadaire du travail variera sur tout ou partie de l'année à condition que, sur un an, cette durée ne dépasse pas en moyenne 39 heures par semaine.

Trois dispositifs sont actuellement prévus par la loi :

1. Modulation dite « de type I » (loi du 19 juin 1987)

- les heures effectuées au-delà de la durée légale, dans les limites fixées par la convention ou l'accord ne s'imputent pas sur le contingent annuel d'heures supplémentaires (voir p. 72) (1) ;
- au-delà de ce contingent, les heures supplémentaires ouvrent droit au repos compensateur.

2. Modulation dite « de type II » (loi du 19 juin 1987)

- la convention ou l'accord peut prévoir que, dans la limite de 44 heures par semaine, les heures effectuées au-delà de la durée légale ne donnent pas lieu au paiement d'heures supplémentaires, ni au repos compensateur ;
- les heures effectuées au-delà de la limite fixée par l'accord sont des heures supplémentaires ;
- l'accord doit prévoir pour les salariés une contrepartie, financière ou en temps de formation.

Dans les deux cas, la convention ou l'accord peut prévoir le « lissage » de la rémunération.

3. Modulation dite « de type III » (loi du 20 décembre 1993)

Dans la perspective du maintien ou du développement de l'emploi, les partenaires sociaux peuvent organiser une répartition de la durée du travail sur tout ou partie de l'année, assortie d'une réduction collective de la durée du travail.

Limites :

- les durées maximales légales quotidiennes et hebdomadaires (voir p. 72) doivent être respectées ;
- et, en moyenne, une durée hebdomadaire de référence déterminée par l'accord lui-même.

Ne seront considérées comme heures supplémentaires ouvrant droit à majoration de salaire et à repos compensateur que les heures effectuées au-delà de cette durée moyenne de référence.

• Annualisation contractuelle individuelle

En cas d'absence de convention ou d'accord collectif, l'annualisation de la durée du travail pourra être décidée par un commun accord entre l'employeur et le salarié, par un avenant au contrat de travail. Seuls les salariés

---

(1) L'employeur n'est pas dispensé de payer les heures suplémentaires quand l'horaire, sur une semaine, dépasse 39 heures.

ayant des enfants à charge peuvent bénéficier de cette mesure (qui, dans ce cas, n'est pas obligatoirement assortie d'une réduction de la durée du travail).

- **Dispositif expérimental d'incitation à la réduction de la durée du travail**

La loi du 19 novembre 1993 prévoit qu'une aide financière de l'État sera versée pendant 3 ans aux entreprises qui auront conclu, avant le 31 décembre 1994, un accord fixant un horaire collectif de travail annualisé (voir ci-dessus) réduisant la durée du travail d'au moins 15 % avec diminution des salaires à condition qu'elles procèdent dans les 6 mois à des embauches majorant l'effectif d'au moins 10 % et le maintenant à ce niveau pendant 3 ans.

Un accord a été signé en mai 1996 entre le patronat de la métallurgie (UIMM) et deux fédérations syndicales (CFE-CGC et FO) prévoyant une annualisation et une réduction du temps de travail, (en période de pointe, la semaine pourrait être de 46 heures maximum, 44 heures en moyenne sur une période de 12 semaines et un plafond de 10 heures par jour).
Un repos supplémentaire est prévu, qui pourrait déboucher sur une sixième semaine de congés.
Les syndicats CGT, CFDT et CFTC sont hostiles à cet accord.

LE REPOS COMPENSATEUR

Il peut être :
- prévu par la loi : pour les heures supplémentaires effectuées au-delà du contingent annuel ;
- fixé par un accord de modulation ;
- donné en remplacement du paiement d'heures supplémentaires.

• *Le repos compensateur de droit commun*

Il s'agit d'un repos accordé aux salariés qui exécutent des heures supplémentaires au-delà du contingent légal ou conventionnel.

• Modalités du repos compensateur

	Contingent annuel de 130 heures	
	Respecté	**Dépassé**
Entreprises de moins de 10 salariés	Pas de repos compensateur	Durée du repos compensateur : 50 % des heures effectuées au-delà de 39 heures par semaine
Entreprises de plus de 10 salariés	Durée du repos compensateur : 50 % des heures effectuées au-delà de 42 heures par semaine	100 % des heures (donc, à partir de la 131e heure

Des accords collectifs peuvent intervenir pour prévoir un contingent différent de celui fixé par décret. Le calcul du repos compensateur obéit alors à des règles différentes.

Le repos compensateur doit être pris :

- par journée entière (1 journée = 8 heures) ;
- dans un délai de 2 mois suivant l'ouverture du droit (en dehors de la période 1er juillet-31 août) ;
- il ne peut être ajouté aux congés payés ;
- il est considéré comme temps de travail effectif pour le calcul des droits.

Le salarié doit être régulièrement informé de ses droits acquis en matière de repos compensateur sur son bulletin de paie ou sur une fiche annexée à ce bulletin.

• *Repos compensateur de remplacement*

La loi du 20 décembre 1993 prévoit que, par voie d'accord entre partenaires sociaux au niveau de la branche, de l'entreprise ou de l'établissement, les heures supplémentaires, au lieu d'être payées et majorées, pourront être remplacées, en tout ou partie, par un repos compensateur.

- *Durée :* 1 heure 15 pour les 8 premières heures, 1 heure 30 au-delà.
- Il pourra être dérogé à la règle de prise de repos par journée ou demi-journées entières.
- Les heures supplémentaires, lorsqu'elles sont totalement indemnisées par un repos compensateur, ne sont pas comptabilisées dans le contingent annuel d'heures supplémentaires (voir p. 72).

Dans les entreprises dépourvues de section syndicale, ces dispositions peuvent entrer en vigueur s'il y a absence d'opposition du comité d'entreprise ou, à défaut, des délégués du personnel.

En cas d'absence de représentants du personnel, cette mise en place est impossible (Circ. 24 avril 1996).

LES HEURES DE RÉCUPÉRATION

> *« Il s'agit d'un dispositif qui permet de considérer comme heures déplacées et non comme heures supplémentaires, les heures effectuées au-delà de la durée légale en compensation d'heures de travail perdues du fait de circonstances exceptionnelles. » (Définition donnée par la circulaire du 30 juin 1987.)*

• Cas

Il est possible de récupérer des heures perdues à la suite :

- de causes accidentelles : détérioration de matériel, panne de machine, manque de matières premières ;
- de cas de force majeure : interruption de la force motrice, intempéries… ;
- d'un « pont » : c'est-à-dire le « chômage d'1 ou 2 jours ouvrables compris entre un jour férié et une journée de repos hebdomadaire ou d'un jour précédent les congés annuels » ;
- d'un inventaire.

Ne peuvent donner lieu à récupération les interruptions pour grève, lock-out ou jours fériés.

Il faut qu'il s'agisse d'une interruption collective du travail.

• Modalités pratiques

- la récupération doit intervenir dans les 12 mois suivants ;
- elle est limitée à 1 heure par jour ;
- les heures de récupération sont payées au tarif auquel elles l'auraient été normalement ;
- la récupération s'impose au salarié.

LE TRAVAIL DE NUIT

- **Jeunes de moins de 18 ans :** le travail de nuit est interdit entre 22 heures et 6 heures ;
- **Femmes :** La Convention n° 89 de l'OIT interdit et le Code du travail interdisait le travail de nuit des femmes (entre 22 heures et 5 heures) :

- dans l'industrie ;
- dans certaines autres entreprises (professions libérales, associations, sociétés civiles…).

Il est désormais autorisé, en effet, le 25 juillet 1991, la Cour de Justice des Communautés européennes a jugé que le droit français était contraire à la Directive européenne sur l'égalité de traitement des hommes et des femmes.

Le 27 février 1992, la France *a dénoncé la Convention n° 89 de l'OIT.*

Cette règle nouvelle démontre l'influence grandissante du droit communautaire sur le droit national.

Une directive communautaire de 1993 doit être transposée en droit français avant le 23 novembre 1996. Un véritable statut du travailleur de nuit sera mis en place.

16

Le repos hebdomadaire

PRINCIPE

Trois obligations s'imposent à l'employeur :

> *Il est interdit d'occuper plus de 6 jours par semaine un même salarié ;*
> *Le repos hebdomadaire doit avoir une durée minimale de 24 heures consécutives ;*
> *Il doit être donné le dimanche. (Art. L 221, Code du travail.)*

La question de l'ouverture des entreprises le dimanche fait l'objet, depuis plusieurs années, d'un débat. Certaines entreprises de distribution et des consommateurs souhaitent l'ouverture dominicale, d'autres y sont opposés pour des raisons traditionnelles, familiales, de protection des salariés.
Le principe de l'article L 221 demeure, mais son application a été assouplie par une loi du 20 décembre 1993.

DÉROGATIONS

Elles sont nombreuses et touchent :
- soit au principe du repos hebdomadaire ;
- soit au principe du repos dominical.

• *Dérogations à la règle du repos hebdomadaire*

• Dérogations permanentes (non soumises à autorisation)

- personnel occupé aux générateurs, à l'entretien des machines (repos compensateur) ;
- personnel des usines à feu continu (dérogation accordée par voie réglementaire) ;

– gardiens et concierges des établissements industriels et commerciaux (repos compensateur).

Ces dérogations ne s'appliquent pas aux jeunes de moins de 18 ans.

• Dérogations temporaires

– travaux urgents ou pour prévenir un accident : le repos peut être suspendu, sauf pour les jeunes de moins de 18 ans ;
– industries saisonnières : repos différé, avec un repos compensateur égal au repos perdu ;
– industries traitant de matières périssables ou ayant des surcroîts exceptionnels de travail : dans la limite de 6 fois par an ;
– travaux de chargement ou déchargements (ports...).

• *Dérogations à la règle du repos dominical*

• De plein droit

Elles concernent les établissements :

– qui sont dans l'impossibilité, pour des raisons techniques, d'interrompre leurs travaux ou
– qui, pour répondre aux besoins du public, ne peuvent fermer un jour par semaine (ex. hôtels, restaurants, hôpitaux, commerces de fleurs...) ;
– qui, pour des raisons économiques, organisent le travail de façon continue ; un accord collectif doit intervenir (loi du 20 décembre 1993).

Le repos peut être donné selon différentes modalités : par roulement ou le dimanche après-midi, ou différé en partie.

• Sur autorisation

Par arrêté préfectoral :

– lorsque le repos simultané le dimanche de tout le personnel serait préjudiciable au public ou compromettrait le fonctionnement normal de l'établissement ; le repos peut être donné un autre jour que le dimanche, ou par roulement...
– dans les communes touristiques ou thermales et dans les zones touristiques d'affluence exceptionnelle ou d'animation culturelle permanente, le préfet peut également autoriser le repos par roulement pendant la période touristique (loi du 20 décembre 1993).

Par arrêté municipal : pour les établissements de commerce de détail, dans la limite de 5 fois par an.

• Par voie d'accord collectif

Dans le cas de mise en place d'équipes de suppléance pour assurer une utilisation des équipements pendant les périodes de repos collectif du personnel.

• *Sanctions*

Un décret d'août 1992 autorisait l'inspecteur du travail à saisir le juge des référés pour qu'il ordonne la fermeture des commerces employant illégalement des salariés le dimanche. Par une décision du 21 octobre 1994, le Conseil d'État a déclaré cette disposition illégale.
En l'état actuel du droit (rappelé par une circulaire ministérielle du 15 décembre 1994) la procédure de référé reste ouverte :

– aux syndicats de salariés, pour la défense des intérêts collectifs de la profession.

  Ex. : Cass. soc. 3.2.1994 : *Syndicat CFDT services et commerces* contre *SA Virgin Stores*.

– aux syndicats d'employeurs, quand ils estiment que l'emploi de salariés le dimanche est de nature à désorganiser le commerce et à fausser le jeu de la concurrence.

  Ex. : Cass. soc. 7.4.1994 : *Syndicat des textiles, de l'habillement et de la chaussure de l'Aude* contre *SARL Bolor La Foir'fouille*).

L'inspecteur du travail peut, bien évidemment, relever l'infraction en dressant procès-verbal.

Les infractions à la règle du repos dominical, comme d'ailleurs à celle du repos hebdomadaire, sont des contraventions réprimées par une amende.

17

Les congés payés

RAPPEL HISTORIQUE

- La généralisation des congés payés a été réalisée en France par la loi du 20 juin 1936.
- En 1969, à la suite de l'accord Renault qui octroyait une quatrième semaine de congés payés aux salariés de l'entreprise, une loi a étendu ce bénéfice à l'ensemble des salariés.
- L'ordonnance du 16 janvier 1982, relative à la durée du travail, a porté la durée des congés payés à 5 semaines.

PRINCIPE

Tout salarié ayant travaillé pendant au moins 1 mois chez le même employeur a droit à 2 jours et demi ouvrables (1) *de congé par mois de travail effectif.*

DÉCOMPTE

Il se fait en tenant compte de la durée de travail effectif au cours de **l'année de référence** (du 1er juin de l'année précédente au 31 mai de l'année en cours).

- **Sont exclues :** les périodes d'absence pour maladie, grève, chômage.
- **Sont comprises :** les absences pour accident du travail, maternité, rappel sous les drapeaux.

---

(1) Jours ouvrables : ce sont les jours de la semaine, sauf celui du repos hebdomadaire.
Jours ouvrés : tous les jours travaillés dans l'entreprise.

MAJORATIONS

- Les jeunes mères de famille de moins de 21 ans (au 30 avril) ont droit à 2 jours supplémentaires par enfant à charge.
- Les jeunes de moins de 21 ans ont droit, sur leur demande, à un congé de 30 jours ouvrables, mais seuls sont rémunérés les jours de congé correspondant à leur temps de travail effectif.
- Pour fractionnement : si le salarié prend des jours de congé en dehors de la période légale, il a droit à :
  - 1 jour supplémentaire pour 3 à 5 jours pris en dehors de la période légale ;
  - 2 jours supplémentaires pour 6 jours et plus.

DATES

- L'employeur choisit entre le roulement et la fermeture temporaire de l'établissement, et fixe aussi la date de départ des salariés.
- Dans le cas de fermeture temporaire, il doit, pour le choix des dates, consulter le comité d'entreprise ou les délégués du personnel (la période des congés peut aussi être fixée par la convention collective).
- La période des congés doit être portée à la connaissance du personnel au moins 2 mois avant son point de départ.
- Il est prévu une période légale pendant laquelle les congés doivent être pris : du 1er mai au 31 octobre.
- La durée des congés pris en une fois ne peut excéder 24 jours ouvrables. Le congé peut être fractionné à la condition qu'il comporte au moins 12 jours ouvrables pris en continu.

L'INDEMNITÉ DE CONGÉS PAYÉS

- **Si le congé est pris**

L'indemnité de congé peut être calculée de deux manières :

- 1/10 de la rémunération totale perçue par le salarié au cours de la période de référence,

ou

- la rémunération qu'il aurait perçue s'il avait travaillé durant le congé.

On doit utiliser le mode de calcul le plus favorable au salarié.

- **Si le congé ne peut être pris** (résiliation du contrat de travail)

  L'indemnité compensatrice de congé payé est égale à ce qu'aurait dû recevoir le salarié s'il avait pris ses congés payés au moment de la résiliation.

- L'indemnité est supprimée en cas de faute lourde du salarié.

- Dans les professions à travail discontinu (ex. : bâtiment), des « caisses de congés payés » se substituent à l'employeur pour le paiement des indemnités.

18

Les jours fériés

Ils sont **actuellement au nombre de 11 :**

- 1er janvier
- Lundi de Pâques
- 1er mai
- 8 mai
- Jeudi de l'Ascension
- Lundi de la Pentecôte
- 14 juillet
- 15 août
- Toussaint (1er novembre)
- 11 novembre
- Noël (25 décembre)

• Les jours fériés et chômés

Seul le 1er mai est obligatoirement **chômé** et **payé.**

Pour les autres jours, le repos n'est légalement obligatoire que pour les jeunes de moins de 18 ans.

Depuis le 16 janvier 1982, les jours fériés chômés ne sont pas récupérables.

• Rémunération des jours fériés

- Le chômage du 1er mai ne doit entraîner aucune baisse de salaire ;
- le plus souvent, les conventions collectives prévoient le paiement des jours chômés ;
- un jour férié non travaillé ne doit entraîner aucune baisse de rémunération pour le personnel mensualité ;
- lorsque le jour férié est travaillé, les salariés ne bénéficient d'aucune majoration de leur rémunération.

Les infractions à ces obligations sont sanctionnées par une amende.

19

Les congés spéciaux

Sont présentées ici les dispositions légales. Les conventions collectives ou accords d'entreprise peuvent prévoir des dispositions plus favorables.

• *Congés pour événements familiaux*

Événement	Durée	Rémunération		Source
		oui	non	
• Mariage du salarié	4 jours	×		
• Décès du conjoint ou d'un enfant	2 jours	×		Art. L 226.1 Code du travail
• Mariage d'un enfant	1 jour	×		
• Naissance (ou adoption) accordée au père	3 jours (à prendre dans les 15 j)	×		Art. L 226 Code du travail
• Décès du père ou de la mère	1 jour	×		
• Congé parental d'éducation, ou travail à mi-temps (ancienneté minimale : 1 an dans l'entreprise)	1 an, renouvelable au maximum 2 fois	non (sauf si travail à mi-temps)		Art. L 122-28 Code du travail

• *Congé pour convenances personnelles*

- **Congé sabbatique :**
  - *durée :* de 6 mois à 11 mois ;
  - *condition :* 36 mois d'ancienneté dans l'entreprise et 6 ans d'activité professionnelle.
- **Congé pour création d'entreprise :**
  - *durée :* 1 an (renouvelable une fois) ;
  - *condition :* 36 mois d'ancienneté dans l'entreprise.

Pour ces deux types de congés, le salarié doit, à l'issue du congé, retrouver un travail similaire avec une rémunération au moins équivalente à celle qu'il avait antérieurement.

• *Congés pour exercice de fonctions publiques, sociales ou professionnelles*

Cas	Durée	Rémunération
Candidat à un mandat parlementaire	20 jours	Rémunéré
Parlementaire	Contrat suspendu mais possibilité de réintégration	Non rémunéré
Membre d'un conseil municipal	Crédit d'heures variable selon l'importance de la commune	Heures considérées comme travail effectif
Conseillers municipaux de ville de plus de 100 000 habitants, conseillers généraux ou départementaux	Contrat suspendu ; droit à réintégration	Non rémunéré
Salarié participant à des instances de formation professionnelle ou jurys d'examens	L'employeur doit accorder un congé, sauf refus motivé pour conséquences préjudiciables à l'entreprise	Rémunéré + frais de déplacement
Représentant d'une association familiale	40 heures maximum par an	Assimilé à un travail effectif
Représentant d'une association ou d'une mutuelle	9 jours maximum par an, sauf refus motivé	Considéré comme travail effectif
Participation à une organisation de solidarité internationale	Congé de six mois, sauf refus motivé	Non rémunéré
Catastrophes naturelles	20 jours, refus motivé	Non rémunéré
Jurés, témoins en Cour d'assises	Suspension du contrat de travail	Non rémunéré
Fonctions de conseillers prud'homaux ou d'assistance aux plaideurs	Le refus constituerait le délit d'entrave	Considéré comme travail effectif
Représentation des immigrés aux instances représentatives	Durée variable	Considéré comme travail effectif
Assesseur au tribunal des affaires sociales	Durée variable	Considéré comme travail effectif

Pour les congés de maternité, voir p. 172.
Congés accordés dans le cadre de la formation professionnelle continue, voir p. 142 et 143.
Congé pour bilan de compétences (voir p. 142).

20

Hygiène, sécurité et conditions de travail

LES RÈGLES D'HYGIÈNE ET DE SÉCURITÉ

L'hygiène et la sécurité dans l'entreprise doivent répondre à des conditions prévues par une réglementation abondante et complexe qui comporte :

- des dispositions générales applicables à l'ensemble des travailleurs ;
- des dispositions spéciales qui visent certains travaux ou certaines catégories de salariés.

  Ex. : bâtiment jeunes travailleurs…

Depuis plusieurs années, ont été incorporées à la législation nationale plusieurs Directives communautaires.

Une Directive du 12 juin 1989 a rappelé les trois obligations de l'employeur en matière de sécurité :

- organiser la sécurité (en évaluant les risques et en intégrant la sécurité dans le travail) ;
- veiller à l'application des règles de sécurité ;
- prendre les mesures commandées par les circonstances.

Cette directive confirme clairement l'obligation générale de sécurité qui est à la charge de l'employeur

Le Code du travail fixe, conformément à ces directives, les principes généraux de prévention incombant aux employeurs avec la participation des salariés.

• Des mesures d'hygiène

- propreté des lieux de travail,

  Ex. : nettoyage quotidien ;
- installation de vestiaires, lavabos, w.c… ;
- atmosphère des locaux (cubage d'air minimum), chauffage, éclairage, aération, bruit ;

- dispositions particulières pour le travail en sous-sol ;
- installation d'un réfectoire ;
- boissons : mise à la disposition du personnel d'eau potable et fraîche ; interdiction d'introduire des boissons alcoolisées.
- interdiction de fumer dans les locaux collectifs (cantines, salles de réunions…) — loi du 1er novembre 1992. Mais il n'est pas interdit de fumer dans les locaux de travail (ils doivent être aménagés : cloisons…).

Des mesures de sécurité

- protection des machines : l'utilisation, la vente et la location de machines non pourvues de dispositifs de sécurité est interdite ;
- protection contre les produits dangereux : étiquetage, emballage… ;
- règles particulières pour certains travaux dangereux ou sur les chantiers,
  Ex. : travaux en hauteur, travail sur écran…
  (les employeurs doivent se mettre en conformité avant le 1er janvier 1997) ;
- mise à la disposition des salariés du matériel de protection : casques, masques, lunettes…

Une loi du 31 décembre 1991, incorporant dans notre droit la Directive communautaire, prévoit qu'il est interdit de « mettre en vente, de vendre, d'importer, de louer, de mettre à disposition » des équipements de travail ne répondant pas aux normes de sécurité ; les fabricants, importateurs et cédants doivent respecter des procédures de certification de conformité aux règles techniques.

L'inspecteur du travail a le pouvoir de demander au fabricant ou à l'importateur communication d'une documentation lui permettant d'exercer le contrôle de conformité.

Tous les salariés doivent recevoir des informations et des instructions concernant la sécurité dans l'entreprise.

La formation préventive

L'employeur a l'obligation d'organiser pendant les heures de travail une formation pratique à la sécurité pour les salariés nouvellement embauchés, ceux qui changent de poste, les travailleurs temporaires.

La prévention des incendies

Réglementation très précise concernant : l'éclairage et le chauffage ; les issues et dégagements ; les moyens d'extinction.

Des consignes d'incendie doivent être affichées si l'entreprise emploie plus de 50 personnes et à partir de 1996, une alarme sonore est obligatoire.

- **Le droit « d'alerte » et de « retrait »**
(prévu par la loi du 23 décembre 1982)

« Le salarié signale immédiatement à l'employeur ou a son représentant toute situation de travail dont il a un motif raisonnable de penser qu'elle présente un danger grave et imminent pour sa vie ou sa santé… »
S'il s'est « retiré » de cette situation, il ne peut encourir aucune sanction.
Le CHSCT doit aviser l'employeur qui doit ordonner une enquête et prendre les mesures nécessaires.
Cette disposition, très critiquée à l'origine par les employeurs et les salariés, pour des raisons différentes, ne fait en réalité que traduire une règle de bon sens.

LE COMITÉ D'HYGIÈNE, DE SÉCURITÉ ET DES CONDITIONS DE TRAVAIL (CHSCT)

C'est un organisme technique créé en vue d'associer le personnel au maintien et à l'amélioration des conditions d'hygiène et de sécurité dans l'entreprise.

Les dispositions actuellement applicables résultent de la **loi du 23 décembre 1982.** Ce comité s'appelait auparavant CHS et obéissait à une réglementation moins rigoureuse.

Création	Est obligatoire dans toutes les entreprises de plus de 50 salariés. C'est une personne morale.
Composition	• le chef d'entreprise ou son représentant ; • un chef de service ou un ingénieur chargé de la sécurité ; • le médecin de l'établissement ; • le conseiller du travail ; • le responsable de la formation ; • des représentants du personnel. Leur nombre varie entre 3 et 9 selon la taille de l'entreprise. Ils sont élus pour 2 ans. Ils bénéficient d'un crédit d'heures (variable selon l'effectif de l'entreprise) et sont des salariés protégés.
Réunions obligatoires	• au moins une fois par trimestre ; • à la suite de chaque accident du travail ; • sur demande motivée de deux de ses membres représentants du personnel. Ces réunions ont lieu pendant le temps de travail. Sont rémunérées comme temps de travail.

Rôle	• contribuer à la protection de la santé et de la sécurité des salariés de l'établissement ; • améliorer les conditions de travail et notamment : – faciliter l'accès des femmes à tous les emplois ; – répondre aux problèmes lies à la maternité ; • veiller à l'observation des prescriptions législatives et réglementaires en matière d'hygiène et de sécurité. ***Moyens*** • il procède à des inspections dans l'établissement ; • en cas d'accident du travail ou de maladie professionnelle, il effectue des enquêtes ; • si un risque grave est révélé, le CHSCT peut faire appel à un expert ; les frais d'expertise sont à la charge de l'employeur ; • il est consulté avant toute décision d'aménagement important concernant les conditions d'hygiène et de sécurité ; • il reçoit au moins une fois par an, du chef d'entreprise : – un rapport faisant le bilan sur l'hygiène et la sécurité dans l'entreprise ; – un programme annuel des actions envisagées dans ce domaine ; • chaque membre du CHSCT qui constate une cause de danger grave et imminent peut aviser l'employeur ou son représentant, qui est tenu de procéder immédiatement à une enquête avec lui et de prendre les mesures nécessaires.

Les procès-verbaux des séances du CHSCT et les rapports établis dans les cas d'enquêtes ou d'inspections sont consignés sur un **registre spécial.** Dans les entreprises de plus de 300 salariés, la formation des membres du CHSCT est obligatoire et les frais de formation sont pris en charge par l'employeur.

LE CONTRÔLE DE L'APPLICATION DES RÈGLES D'HYGIÈNE ET DE SÉCURITÉ

Il est fait par :

- **le comité d'hygiène, de sécurité et des conditions de travail ;**
- **l'inspecteur du travail** (voir p. 17) ;
- **la Caisse régionale d'assurance maladie (CRAM), service « prévention » ;** les contrôleurs de la CRAM peuvent demander à un employeur de réaliser une mesure de prévention dans son entreprise ; si l'employeur ne l'exécute pas, ils peuvent proposer une majoration du taux de ses cotisations au titre des accidents du travail. Ces services peuvent élaborer des dispositions concernant des risques non couverts par le code du travail, qui deviennent applicables, après l'approbation du directeur régional du travail.

Il faut aussi mentionner le rôle de :

- **l'Institut national de recherche et de sécurité (INRS)** qui fait des études sur la prévention et apporte son concours à tout demandeur dans ce domaine.
- **l'Agence nationale pour l'amélioration des conditions de travail (ANACT) :**
  - créée en 1973, elle a pour rôle de rassembler, analyser et diffuser les informations relatives aux expériences qui s'effectuent en France et à l'étranger pour améliorer les conditions de travail ;
  - par l'intermédiaire du FACT (Fonds pour l'amélioration des conditions de travail), l'ANAC finance les études et réalisations qui visent à améliorer les conditions de travail.

LES SANCTIONS APPLICABLES EN CAS D'INFRACTION

Il existe une obligation générale de sécurité imposée à l'employeur (ou à celui à qui il a délégué ses pouvoirs) (Ex. : un chef de chantier).

En cas d'inobservation des règles légales, l'employeur (ou son représentant) est soumis au pouvoir de sanction de l'inspecteur du travail.

• Responsabilité pénale

En cas d'accident du travail

Il peut être poursuivi pour homicide, blessures par imprudence, et pour violation des règles de sécurité,

En l'absence d'accident

Les infractions à la législation du travail sont des délits correctionnels ; l'amende est appliquée autant de fois qu'il y a de salariés concernés par l'infraction ; en cas de récidive, un emprisonnement peut être prononcé.

Le tribunal peut aussi ordonner la fermeture totale ou partielle, temporaire ou définitive de l'entreprise.

Il peut ordonner l'affichage du jugement aux portes de l'entreprise et la publication dans les journaux.

Le nouveau Code pénal, entré en vigueur le 1er mars 1994, a créé une nouvelle infraction qui consiste dans le fait « d'exposer autrui à un risque immédiat de mort ou de blessures (…) par la violation manifestement délibérée d'une obligation particulière de sécurité ou de prudence ». C'est ce que la doctrine a qualifié de « délit virtuel ».

Le Code pénal prévoit désormais la possibilité de condamner l'entreprise en tant que personne morale.

Délégation

Le chef d'entreprise peut se dégager de toute responsabilité pénale en déléguant ses pouvoirs de direction à des agents ; la responsabilité pénale sera donc encourue par l'agent ayant fait l'objet de la délégation.

A qui peut-on déléguer ?	A des agents ayant pouvoir « de sanctionner le refus des salariés de se soumettre aux directives reçues en matière de sécurité » (Cass. crim. 4 mars 1986). Il y a abandon d'autorité ; elle se fera donc généralement à des cadres de l'entreprise.
Preuve de la délégation	C'est le chef d'entreprise qui doit rapporter la preuve de la délégation (Cass. crim. 8 mars 1986).
Forme de la délégation	La délégation doit être expresse ; mais l'écrit n'est pas exigé ; le juge doit apprécier la réalité de la délégation dans les circonstances de fait, l'écrit ne constituant « qu'un élément d'appréciation parmi d'autres » (Cass. crim. 26 juin 1979).
Sous-délégation	Elle est possible, si elle était autorisée par la délégation et dans les mêmes conditions.
Restrictions à l'exonération de responsabilité pénale	Il n'y aura pas exonération, bien qu'il y ait délégation : – si l'infraction résulte d'une décision ou d'une omission réalisée à un niveau plus élevé que celui du délégataire ; – il peut y avoir pour des délits généraux, double responsabilité du délégataire et du chef d'entreprise.

Notons que dans les grandes entreprises, au moins, la délégation est très couramment pratiquée.

- **Responsabilité civile**

Les caisses de Sécurité sociale versent aux salariés les rentes prévues en cas d'incapacité, mais l'employeur peut avoir à verser une cotisation supplémentaire destinée à financer la majoration de rente allouée à la victime en cas de faute inexcusable, ou faute intentionnelle de sa part (voir p. 179).

De plus, en cas de faute inexcusable, la responsabilité civile de l'employeur peut être engagée pour le préjudice personnel subi par la victime (préjudice physique, *pretium doloris*...).

L'employeur peut s'assurer contre ce risque.

LA MÉDECINE DU TRAVAIL

Les entreprises doivent s'assurer le concours d'un médecin du travail.

Organisation du service médical

Selon l'importance de l'entreprise, les services médicaux peuvent être :
- propres à l'entreprise ;
- communs à plusieurs entreprises : service médical « Interentreprises ».

L'organisation à adopter est fonction de l'effectif de l'entreprise.

Les locaux

Un local doit être installé et équipé :
- à partir de 200 salariés dans les établissements industriels ;
- à partir de 500 salariés pour les autres établissements.

L'agencement des locaux

- moins de 500 salariés : un cabinet médical, 2 salles, un local d'attente ;
- plus de 500 salariés : un cabinet médical supplémentaire par médecin ;
- plus de 1 000 salariés : en plus, une salle de repos

Infirmier(ères)

Établissements industriels :
- de 200 à 800 : 1 infirmier(ère) ;
- au dessus de 800 : 1 infirmier(ère) par tranche de 600 salariés

Établissements non industriels :
- de 500 à 1 000 salariés : 1 infirmier(ère) ;
- au dessus de 1 000 salariés : 1 infirmier(ère) par tranche de 1 000 salariés.

Médecin du travail

Seules les grandes entreprises doivent organiser un service médical interne, les autres ont recours au service médical inter-entreprises.
Le temps consacré par un médecin du travail doit être de 1 heure par mois pour 20 employés ou 15 ouvriers ou 10 salariés exerçant des professions à haut risque.
On totalise le nombre d'heures mensuel en fonction du personnel de l'entreprise (T).

$T < 20$ h : service médical interentreprises.
$20 \leq T < 169$ heures : l'entreprise a le choix de la formule.
$T \geq 169$: service médical interne.

C'est l'employeur qui supporte les frais d'organisation et de fonctionnement du service médical.

• *Rôle du médecin du travail*

Son rôle est essentiellement préventif : ainsi, quand le salarié est malade, le médecin du travail doit l'adresser à son médecin habituel.

Le médecin du travail procède aux **examens médicaux obligatoires.**

- **Visite d'embauche**

  Obligatoire pour tout nouveau salarié.

- **Visites périodiques**

  Tout salarié doit être examiné au moins une fois par an ; le médecin peut décider des visites plus fréquentes pour :
  - les salariés affectés à des travaux présentant des risques particuliers ;
  - les handicapés, femmes enceintes, mères d'un enfant de moins de 2 ans, jeunes de moins de 18 ans.

- **Visites de reprise du travail**

  Au plus tard dans un délai de 8 jours après :
  - une absence pour accident du travail ou maladie professionnelle ;
  - une absence de plus de 3 semaines pour maladie ;
  - un congé de maternité ;
  - des absences répétées.

Le médecin du travail doit établir un dossier médical et une fiche d'aptitude par salarié.

Le médecin du travail est le conseiller des employeurs et des salariés en ce qui concerne :
- la surveillance de l'hygiène générale ;
- l'adaptation des salariés aux postes de travail ;
- les risques d'accidents.

- **Sanctions**

  Le non-respect des règles concernant la médecine du travail est passible d'une amende.

■ *LES SERVICES SOCIAUX*

Selon la loi du 28 juillet 1942, ils sont obligatoires dans les entreprises occupant plus de 250 salariés. A ce jour, les décrets d'application n'ont pas été pris, sauf pour trois branches professionnelles (cuir, céramique et transformation des métaux).

21

Le salaire

Le salaire est la rémunération versée par l'employeur au salarié en contrepartie de son travail.

Le problème du salaire peut être examiné sous trois aspects :

- **juridique :** le salaire résulte du caractère synallagmatique du contrat de travail et constitue une des obligations essentielles de l'employeur. La preuve du paiement lui incombe ;
- **social :** par son caractère « alimentaire », il doit assurer la subsistance du salarié et la garantie de son pouvoir d'achat ; c'est pour cela que le salaire est une créance protégée ;
- **économique :** le niveau des salaires a une incidence sur les coûts de production et le niveau des prix, et peut jouer un rôle dans une politique de relance.

Ces deux derniers aspects justifient l'intervention de l'État sur le mode de fixation des rémunérations.

MODE DE FIXATION

Principe

C'est celui de la libre fixation, mais il existe de nombreuses limites.
Le salaire est fixé entre l'employeur et le salarié, à condition de respecter :

- le minimum légal (SMIC) ;
- quand elle existe, la grille des qualifications prévue par les conventions collectives ;
- s'il y en a, les accords de salaire conclus au niveau national.

Une négociation annuelle est obligatoire au niveau de la branche, de la profession, de l'entreprise ou de l'établissement ; elle n'est pas soumise à une obligation de résultat. Si elle aboutit, un accord est établi ; dans le cas contraire, un procès-verbal de désaccord est rédigé.
Des recommandations patronales sur les salaires sont faites par les syndicats d'employeurs. Elles sont obligatoires pour les entreprises adhérentes.

• Limites

• Les minima professionnels fixés dans les conventions collectives

Celles-ci déterminent :
- le salaire minimum de l'ouvrier ou employé sans qualification ;
- une grille hiérarchique des différentes catégories professionnelles. A chaque catégorie est attribué un indice.

• Le SMIC (salaire minimum interprofessionnel de croissance)

C'est le salaire mensuel au-dessous duquel un salarié ne peut être payé ; il existe des abattements en raison :

• **de l'âge**
- de 16 à 17 ans = 20 % ;
- de 17 à 18 ans = 10 % ; ils ne doivent plus être appliqués qu'après 6 mois de pratique professionnelle.

• **d'un handicap**

Moins 10 ou moins 20 %.

Le non-respect du SMIC entraîne des sanctions pénales.

LE SMIC

> *C'est le salaire minimum interprofessionnel de croissance, au-dessous duquel aucune rémunération ne peut descendre (taux horaire).*

• Origine

Une loi de 1950 créait le SMIG (salaire minimum interprofessionnel garanti) ; une loi de 1952 introduisait une clause d'échelle mobile : le SMIG devait augmenter lorsque l'indice des prix avait accusé au cours de deux mois consécutifs, une augmentation de 2 %.

Le SMIG devint le SMIC en 1970.

• Rôle

- Garantir aux salariés dont les rémunérations sont les plus faibles le maintien de leur pouvoir d'achat ;
- Faire évoluer le niveau des bas salaires en fonction de la croissance économique générale (bien que le SMIC ne puisse être pris comme référence pour l'évolution des salaires conventionnels).

Mode de fixation du SMIC

- Fixation automatique :
  - lorsque l'indice des prix à la consommation (295 postes) augmente de 2 %, le SMIC augmente dans la même proportion ;
  - chaque année au 1er juillet, en fonction des conditions économiques générales et après avis de la Commission nationale de la négociation collective.
- Le gouvernement peut toujours l'augmenter en cours d'année, s'il l'estime souhaitable, après consultation de la Commission nationale.

Évolution du SMIC

Dates	Taux horaires		Dates	Taux horaires
1.11.81	17,76 F		1.07.86	26,92 F
1.01.82	18,15 F		1.07.87	27,84 F
1.03.82	18,62 F		1.07.88	28,76 F
1.05.82	19,03 F		1.03.89	29,30 F
1.07.82	19,64 F		1.07.89	29,91 F
1.12.82	20,29 F		31.12.90	31,94 F
1.03.83	21,02 F		1.01.92	32,66 F
1.07.83	21,89 F		1.03.92	33,31 F
1.10.83	22,33 F		1.01.93	34,06 F
1.01.84	22,69 F		1.01.94	34,83 F
1.07.84	23,84 F		1.01.96	35,56 F
1.11.84	24,36 F		1.05.96	37,72 F
1.04.85	24,90 F			

Le minimum garanti est un autre taux qui est uniquement fonction de l'évolution des prix.

Un certain nombre d'indemnités (pour recherche d'emploi, de transport, de chômage partiel…) sont calculées à partir de ce taux.

Au 1er mai 1996, taux horaire : 18,04 F.

LES ÉLÉMENTS DU SALAIRE

Salaire de base

> *C'est la rémunération stable que l'employeur doit verser au salarié en contrepartie du travail fourni.*

Il existe différents modes de calcul :

Salaire	Mode d'évaluation
• Au temps	Heure, journée, mois…
• Au rendement	A la pièce, à la tache, au pourcentage…
• Formule mixte	Variable selon les ventes réalisées, la production ou comprenant : – une partie fixe : minimum assuré – une partie variable : en fonction du rendement Ex. chiffre d'affaires.

• Compléments et accessoires du salaire

• **Les heures supplémentaires** (voir p. 72)

• Les pourboires

Dans certaines professions, le personnel peut être rémunéré totalement par les pourboires ; l'employeur doit, dans ce cas, assurer le complément si le total des pourboires n'atteint pas le SMIC. Un registre de répartition doit être tenu par l'employeur, si c'est lui qui centralise les pourboires.

• Les primes et gratifications

Ex. : primes de rendement, d'ancienneté, de fin d'année, 13e mois…

Caractère

Dans les faits, ces deux termes sont souvent employés indifféremment il convient cependant de les distinguer selon leur caractère :

Obligatoire	Si les sommes versées présentent les caractères suivants : – généralité : la prime doit être versée à l'ensemble du personnel ou à une catégorie, un service… ; – fixité : le montant doit suivre un mode de calcul préalablement établi ; – constance : la prime doit être versée régulièrement.
Bénévole	Si les sommes ont un caractère aléatoire ; ce sont des libéralités qui dépendent de la volonté de l'employeur. Ex. : prime pour marquer le cinquantenaire de l'entreprise.

Intérêt pratique

Il est important de savoir si ces sommes doivent être prises en compte pour déterminer :

- Si le SMIC est atteint.

  La Cour de cassation retient la distinction entre :
  - les sommes qui rémunèrent le travail en soi (ex. : prime de production) = elles sont prises en compte.
  - celles qui ne sont pas la contrepartie du travail fourni (ex. : prime d'ancienneté, d'assiduité...) = elles ne sont pas prises en compte.

  Les gratifications collectives ayant un caractère prévisible sont prises en compte.

- L'assiette des cotisations de Sécurité sociale.

  Les primes et gratifications sont en principe toutes prises en compte, à l'exception de celles exonérées en vertu de dispositions spéciales (ex. : remboursement de frais).

• Le remboursement de frais

Ils ne font pas partie du salaire.

Ex. : indemnités de transport.

Mais il faut noter que le caractère de prime ou de remboursement de frais est indépendant du nom donné par l'employeur.

Ex. : une prime de panier correspond en fait à un remboursement de frais.

• Les avantages en nature

Ex. : logement, chauffage, éclairage...

Ils font partie du salaire et sont pris en compte pour le calcul du SMIC. Un salaire peut être constitué uniquement d'avantages en nature (Cass. 27 mars 1990).

• Sommes dues au titre de l'intéressement (voir p. 109)

Elles sont exclues pour le calcul du SMIC.

• *Les retenues sur salaires*

Il s'agit essentiellement des retenues périodiques que sont les cotisations de Sécurité sociale (maladie, vieillesse, retraite, assurance chômage).

Il peut y avoir aussi des retenues à caractère exceptionnel.

Ex. : la saisie sur rémunération (voir p. 105).

LA MENSUALISATION

La loi du 19 janvier 1978 a généralisé la mensualisation en étendant un accord interprofessionnel conclu sur le plan national.
La mensualisation est plus avantageuse pour les salariés.

- **Principe**
  – La rémunération perçue mensuellement est indépendante du nombre de jours effectivement travaillés (ceci a pour but de compenser le fait de la répartition inégale des jours entre les douze mois de l'année) ;
  – Le calcul du salaire aux pièces, au rendement… n'est pas exclu.
  – Un acompte peut être versé pour une quinzaine.

- **Mode de calcul**

$$\text{Salaire horaire} \times 169 \text{ heures soit : } \frac{39 \times 52}{12} = \text{salaire mensuel}$$

  • Les heures supplémentaires s'ajoutent ;
  • les heures non travaillées se retranchent ;
  • le salaire mensualisé bénéficie en outre :
    – du paiement des jours fériés chômés ;
    – de l'indemnisation de certains jours d'absence : maladie, accident ;
    – d'une indemnité de départ à la retraite et de licenciement.

RÈGLES DE PAIEMENT DU SALAIRE

- **Mode de paiement**
  • En espèces.
  • Par chèque barré ou virement postal ou bancaire pour tout montant supérieur à 10 000 F par mois.

- **Périodicité**
  • Au moins deux fois par mois, à 15 jours d'intervalle pour les ouvriers non mensualisés.
  • Au moins une fois par mois pour les salariés mensualisés.
  • Au moins tous les 3 mois pour les représentants de commerce.

- **Lieu de paiement**
  • Il s'effectue sur les lieux de travail.
  • Il ne peut avoir lieu dans les débits de boisson ou les magasins de vente (sauf s'ils constituent le lieu de travail).
  • Il doit être versé au salarié lui-même. Pour le mineur non émancipé : le salaire devrait en principe être versé à son représentant légal. Mais l'absence d'opposition de celui-ci équivaut à un accord. On admet que le salaire puisse être versé au mineur.

Le non-respect de ces règles est sanctionné pénalement.

• Les chèques emploi-service

Mis en place à titre expérimental par la loi du 20 décembre 1993, il a été pérennisé et étendu par une loi du 29 janvier 1996.
L'objectif du législateur est de développer les emplois de proximité et le service aux particuliers.

• ***Avantages pour l'employeur***

- Il est dispensé d'établir un bulletin de paie, de procéder aux formalités d'embauche.
- Il n'a pas à établir un contrat de travail si la durée du travail n'excède pas 8 heures hebdomadaires (ou 4 semaines consécutives dans l'année).
- Il n'a pas à calculer les cotisations sociales, c'est l'URSSAF qui procédera à ce calcul soit, au choix de l'employeur, sur une base forfaitaire ou sur le salaire réel.
- Il bénéficie d'une réduction d'impôt égale à 50 % des salaires déclarés, dans la limite de 90 000 F par an.

• ***Avantages pour le salarié***

- Il bénéficie des droits sociaux des salariés.
- Il peut travailler chez plusieurs employeurs.
- Le bulletin de salaire remis tous les mois tient lieu d'attestation d'emploi.

• ***Mécanisme***

- Le chéquier emploi-service est distribué par l'établissement qui gère le compte chèque de l'employeur (agence bancaire, bureau de poste, caisse d'épargne).
- Le chèque emploi-service comporte deux volets :
  - le premier, rempli par l'employeur, est envoyé à l'URSSAF qui calcule les cotisations sociales ; celles-ci sont automatiquement prélevées sur le compte de l'employeur qui en est avisé quelques jours à l'avance ;
  - le second sur lequel figure le salaire net, est remis au salarié qui le dépose sur son compte bancaire.

LES DOCUMENTS JUSTIFICATIFS DU PAIEMENT DU SALAIRE

• Le bulletin de paie

- Il est **obligatoire**.
- Il n'est soumis à aucune condition de forme, mais il doit comporter certaines **mentions obligatoires :**
  - le nom et l'adresse de l'employeur ;
  - la référence des organismes auquel l'employeur verse les cotisations de Sécurité sociale (URSSAF) ;

– le code APE de l'entreprise ;
– le nom du salarié et l'emploi occupé ;
– la période et le nombre total d'heures de travail : heures normales, heures supplémentaires ;
– le nombre d'heures de repos compensateur dues ;
– la nature et le montant des diverses primes ;
– le montant de la rémunération brute ;
– la nature et le montant des diverses déductions : Securité sociale, retraite complémentaire, ASSEDIC, assurance-veuvage, etc. ;
– le montant de la rémunération nette ;
– la date du paiement.

Depuis le 1er janvier 1989, sont aussi obligatoires les mentions suivantes :

- l'intitulé de la convention collective de branche applicable au salarié (1) ;
- la position du salarié dans la classification conventionnelle qui lui est applicable (niveau ou coefficient hiérarchique) ;
- l'indication des heures de travail majorées, pour heures supplémentaires ou « pour toute autre cause » ;
  Ex. : travail du dimanche, de nuit… ;
- la nature et le montant :
  – des cotisation patronales de Securité sociale ;
  – des déductions autres que les cotisations effectuées sur la rémunération
  – des sommes s'ajoutant à la rémunération et non soumises à cotisations ;
  Ex. : frais de déplacement… ;
- une mention incitant le salarié à conserver le bulletin de paie sans limitation de durée.

Il ne pourra être fait mention dans le bulletin de paie :
– de l'exercice du droit de grève ;
– de activité de représentation des salariés.

Sanctions

L'employeur qui établit un bulletin de paie non conforme est passible d'une amende de 600 à 1 300 F (jusqu'à 2 500 F en cas de récidive).

Effets

L'acceptation sans réserve du bulletin de paie ne vaut pas renonciation pour le salarié à faire valoir ses droits.
La remise du bulletin de paie entraîne présomption simple de paiement.

---

(1) Lorsqu'il n'existe pas de convention collective applicable, l'employeur est tenu d'indiquer les références du Code du travail relatives à la durée des congés payés et à la durée des délais de préavis en cas de cessation du contrat de travail (décret du 31 août 1994).

● Le livre de paie

- Sa tenue est obligatoire. Il doit être :
  - tenu par ordre de dates, sans blancs, ratures, lacunes ni surcharges ;
  - coté, paraphé et visé par le juge du tribunal d'instance ou du tribunal de commerce ;
  - conservé pendant 5 ans.
- Il est tenu sur un registre, mais les supports informatiques sont admis.
- Il peut être consulté par l'inspecteur du travail à tout moment.
- Toutes ces règles (modes, périodicité, bulletin de paie...) sont sanctionnées pénalement.

LA PROTECTION DU SALAIRE

Le salaire doit être particulièrement protégé, puisqu'il est le moyen de subsistance de la majorité des individus.

● L'action en paiement de salaire

Si les travailleurs ne peuvent obtenir le paiement de leur salaire (ou de leur indemnité de congés payés, ou de leur préavis...), ils peuvent agir en justice. Ils doivent aller devant le Conseil de prud'hommes, et le faire dans un délai de **5 ans,** à compter de la date de la paie.

● Si le salarié a des dettes

Le créancier peut faire saisir des sommes sur le salaire jusqu'au paiement de la créance. La loi du 9 juillet 1991, a légèrement modifié la procédure de la **saisie sur rémunération.**

• La procédure

1 – L'employeur reçoit notification de l'ordonnance rendue par le juge.

2 – Il retient, chaque mois, la somme saisie (selon le mode de calcul ci-dessous.).

3 – Cette retenue entraîne attribution immédiate de la somme saisie au créancier [1].

(1) S'il y a plusieurs créanciers la somme saisie sera envoyée au greffe du tribunal d'instance.

La loi précise la fraction du salaire que le créancier peut faire saisir chaque mois jusqu'à extinction de la dette.

Au 1er mai 1996 :

Quotité saisissable	Tranche annuelle de rémunération
1/20	jusqu'à 18 000 F
1/10	18 001 à 35 900 F
1/5	35 901 à 53 900 F
1/4	53 901 à 71 700 F
1/3	71 701 à 89 600 F
2/3	89 601 à 107 600 F
la totalité	au-delà de 107 601F

Chaque tranche est majorée d'une somme annuelle de 6 500 F par enfant à charge du salarié. Ne peuvent être saisies : les prestations familiales et les rentes d'accident du travail. En tout état de cause, le salarié devra conserver un revenu qui ne peut être inférieur au RMI.

Les pensions alimentaires fixées par décision de justice peuvent être payées directement au créancier si celui-ci effectue la procédure nécessaire auprès de l'employeur.

• En cas de redressement ou de liquidation judiciaire de l'employeur

Les salariés sont considérés par la loi de 1985 comme des créanciers, mais comme des créanciers privilégiés (il en était de même sous l'ancienne législation).

Les créances de salaire doivent être déclarées au juge commissaire, comme toutes les créances du débiteur en redressement ou en liquidation judiciaire. Si elles ne sont pas acceptées par le juge commissaire, le Conseil de prud'hommes doit être saisi dans les deux mois.

• Privilège ordinaire

Portant sur 6 mois de salaire. Mais ils ne sont pas de 1er rang et arrivent notamment après le Trésor.

• Super-privilège

Portant sur les 60 derniers jours de salaire (90 pour les VRP). Le syndic doit les payer en priorité avec le premier argent dont il dispose.

Le plafond est deux fois le plafond mensuel de la Sécurité sociale.

- **Paiement par l'AGS** (Association Nationale pour la Gestion du régime d'assurance des salariés)

  L'AGS est un organisme patronal qui gère le Fonds de Garantie des Salaires (créé en 1973 après l'affaire Lip). Ce sont les ASSEDIC qui en assurent le fonctionnement.

  Les employeurs doivent y cotiser obligatoirement.

  En cas de redressement ou liquidation judiciaire, le représentant des salariés doit lui communiquer le montant des créances salariales qui sont payées rapidement.

Créances	Délai de communication à l'AGS	Délai de paiement
Créances super privilégiées	10 jours	5 jours
Autres créances	3 mois	8 jours

Si le salarié saisit le Conseil des prud'hommes pour une contestation salariale, l'AGS est défendeur au procès.
L'assurance couvre les salaires, mais aussi les créances résultant de la rupture, l'indemnité compensatrice de congés payés…
Les ASSEDIC qui ont payé sont subrogées dans les droits du salarié.

PARTICIPATION ET INTÉRESSEMENT DES SALARIÉS

En vue de motiver davantage les salariés et de les associer aux résultats de l'entreprise, différents systèmes d'intéressement sont prévus :

- dès 1959, une ordonnance prévoyait des formules d'intéressement qui avaient un caractère facultatif ;
- par l'ordonnance du 17 août 1967, a été instituée une formule obligatoire d'épargne salariale qui donnait aux salariés un droit sur les bénéfices réinvestis ;
- différentes réformes sont ensuite intervenues, la dernière résulte de la loi du 7 novembre 1990. Le cadre légal est très souvent adapté, dans les branches professionnelles ou les entreprises, par des accords collectifs ;
- une loi du 24 juillet 1994 a élargi les cas de déblocage anticipé des droits des salariés.

• La participation des salariés aux résultats de l'entreprise

Mise en place	Ce système est **obligatoire** dans toutes **les entreprises de plus de 50 salariés** (depuis 1990) : – un accord de participation peut être signé au niveau de l'entreprise et prévoir des modalités d'application spécifiques ; – en l'absence d'accord, ce sont les règles prévues par la loi de 1990 qui s'appliquent.
Principe et mode de calcul de la réserve	Une réserve de participation est constituée ; elle est calculée sur le reliquat obtenu après déduction de l'impôt. Formule : $R = \frac{1}{2} (B - 5\ \%\ C) \frac{S}{VA}$ B = bénéfice net ; S = total des salaires bruts ; C = capitaux propres ; VA = valeur ajoutée.
Répartition de la réserve	• En principe, tous les salariés de l'entreprise en bénéficient (certains accords peuvent prévoir un minimum d'ancienneté qui ne peut être supérieur à 6 mois). • La répartition se fait proportionnellement au salaire dans la limite d'un double plafonnement : – le salaire est retenu jusqu'à concurrence d'une somme égale à 4 fois le plafond des cotisations de Sécurité sociale ; – il ne peut être attribué à un salarié pour un même exercice qu'une somme au plus égale à la moitié de ce plafond.
Modalités d'emploi des fonds	• Attribution d'actions de l'entreprise (si c'est une société anonyme). • Attribution d'un droit de créance sur l'entreprise suivant un taux d'intérêt fixé par l'accord. • Placements sur le marché financier en dehors de l'entreprise (SICAV, fonds communs de placement, plan d'épargne d'entreprise). • Affectation au plan d'épargne d'entreprise sur demande individuelle du salarié si l'accord a choisi un autre mode de gestion. • Souscription au capital de sociétés créées par les salariés pour racheter leur entreprise.
Indisponibilité des droits	• Les droits des salariés ne sont exigibles qu'après un certain délai : – 5 ans : délai de droit commun ; – 3 ans si l'accord le prévoit. • Le salarié peut demander un déblocage anticipé de ses droits dans un certain nombre de cas (élargis par la loi du 24.7.1994) Ex. : mariage, cessation du contrat de travail, quel qu'en soit le motif, naissance ou adoption d'un troisième enfant, création d'entreprise…

Régime social et fiscal	*Pour l'entreprise* – déduction du montant de la réserve du bénéfice imposable ; – les sommes portées à la réserve ne sont pas prises en compte pour l'application de la législation du travail comme un élément du salaire (calcul de l'indemnité de congés payés, heures supplémentaires, calcul des cotisations Securité sociale). *Pour les salariés* Exonération d'impôt sur le revenu (exonération de 50 % seulement si la période d'indisponibilité a été réduite à 3 ans).

• *Le plan d'épargne d'entreprise*

C'est un système d'épargne facultatif.

Le fonds est alimenté :

- par des versements volontaires des salariés ;
- par les fonds de l'intéressement et de la participation.

Les actions ou parts acquises par les salariés sont indisponibles pendant 5 ans.
Le portefeuille doit contenir des SICAV ou des parts de fonds communs de placement ou des actions émises par les sociétés créées par les salariés pour racheter leur entreprise.
Le régime fiscal et social a les mêmes avantages que celui de la participation.

• *L'intéressement des salariés*
(loi du 7 novembre 1990)

C'est également **un système facultatif ;** il doit être précédé d'un accord conclu pour 3 ans entre l'entreprise et le personnel.
L'intéressement peut être lié aux résultats ou à l'accroissement de la productivité ou tout autre mode.
Le montant global est plafonné ; il ne peut dépasser 10 % des salaires versés au total [(1)]. Le régime fiscal et social est le même que celui de la participation.
Tout salarié peut en bénéficier, mais l'accord peut prévoir une ancienneté de 6 mois.

(1) 15 % lorsque l'entreprise applique un accord de salaires.

22

La représentation des salariés : étude d'ensemble

LES REPRÉSENTANTS DU PERSONNEL : TABLEAU COMPARATIF

	Délégués du personnel	Membres du CE	Délégués syndicaux
Date de création	1936	1945	1968
Seuil d'application	11 salariés	50 salariés	50 salariés
Mode de mise en place	Scrutin de liste avec représentation proportionnelle		Désignation par la section syndicale
Sont électeurs	Les salariés âgés de 16 ans ayant trois mois d'ancienneté		Les syndiqués, donc âgés de 16 ans
Sont éligibles	Salariés âgés de 18 ans au moins ayant au moins un an d'ancienneté		
Crédit d'heures	15 heures	20 heures	10 h (50 à 100 sal.) 15 h (150 à 500 sal.) 20 h (+ de 500 sal.)
Rôle	– revendications – information – remplacement du CE et du CHSCT	– consultations – informations – organisation et gestion des activités sociales et culturelles	– liaison entre la section et le syndicat – représente et défend les salariés

LA PROTECTION

Les représentants du personnel sont des salariés protégés et, à ce titre, leur licenciement obéit à des règles particulières : il faut, notamment, l'autorisation de l'inspection du travail.

● *Le délit d'entrave*

Ce délit est constitué quand :

- il y a atteinte à la libre désignation des délégués du personnel, du comité d'entreprise ou du CHSCT ;
- il y a atteinte à l'exercice régulier des fonctions des délégués du personnel, du comité d'entreprise, du CHSCT, des délégués syndicaux et des fonctions de conseiller du salarié ;
- l'employeur prend à l'encontre de ces différents membres ou délégués des mesures discriminatoires personnelles ;
- l'employeur refuse d'engager des négociations ou de consulter les représentants du personnel quant à l'exercice du droit d'expression dans l'entreprise (voir ci-dessous).

Quand le délit est constitué, le tribunal correctionnel peut prononcer des peines de deux mois à un an d'emprisonnement et une amende de 25 000 F.

● *La protection en cas de licenciement*

• Qui est protégé ?

- Les délégués du personnel, membres du comité d'entreprise, les délégués syndicaux, les membres du comité d'hygiène, de sécurité et des conditions de travail (CHSCT).
- Les salariés qui ont demandé l'organisation de l'élection de représentants du personnel.
- Les conseillers salariés habilités à assister un salarié au cours de l'entretien préalable au licenciement.
- Les conseillers prudhomaux (voir p. 149).

• Durée de la protection

- Point de départ à partir du dépôt de candidature :
  - 3 mois (pour les candidats au CE) ;
  - 6 mois (pour les candidats aux fonctions de DP) ,
- pendant toute la durée du mandat ;
- et jusqu'à 6 mois après l'expiration du mandat.

Combien de temps dure la protection ?

- Délégués du personnel :

- Représentants du personnel au CE, membres du CHSCT, délégués syndicaux [(1)] :

Procédure applicable en cas de licenciement d'un salarié « protégé »

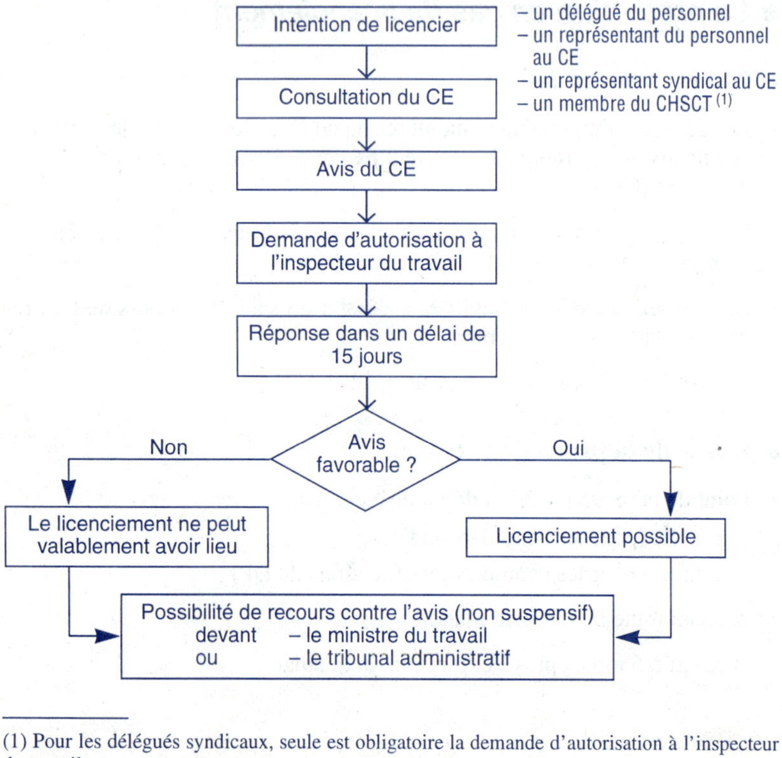

(1) Pour les délégués syndicaux, seule est obligatoire la demande d'autorisation à l'inspecteur du travail.

• Procédure applicable

L'avis du CE, après audition de l'intéressé, est obligatoire.

Il faut **l'autorisation préalable** de l'inspecteur du travail ; celui-ci procède à une enquête contradictoire.

Un délai de 48 heures pour transmettre l'avis du CE à l'inspecteur du travail doit être respecté. Celui-ci doit se prononcer dans les 15 jours.

En cas d'annulation de l'autorisation de licenciement, suite à :
- un recours hiérarchique auprès du ministre du Travail ;
- un recours devant les tribunaux administratifs ;

le salarié a droit à :
- la **réintégration** immédiate dans son emploi ou dans un emploi équivalent ;
- la réparation du préjudice subi.

Le non-respect de la procédure ou le fait de passer outre la décision de l'inspecteur du travail constitue un délit d'entrave.

LES ÉLECTIONS

Elles doivent être organisées chaque année par le chef d'entreprise, qui a une obligation d'information annuelle envers le personnel, dès que l'effectif est atteint.

Il doit inviter, par tout moyen, les syndicats « intéressés » à établir leurs listes et à négocier avec lui un protocole préélectoral fixant les modalités du déroulement des opérations électorales.

L'élection des délégués du personnel et celle des représentants du personel du CE doivent avoir lieu à la même date.

• *Les collèges*

S'il y a plus de 25 employés, les électeurs doivent être divisés en collèges :
- le premier collège groupe les ouvriers et employés ;
- le second collège groupe les ingénieurs, chefs de service, techniciens, agents de maîtrise.

• *Électorat et éligibilité*

Conditions pour être électeur	Conditions pour être éligible
– avoir 16 ans ; – être salarié dans l'entreprise depuis au moins 3 mois. Les salariés à temps partiels sont électeurs ; les salariés intérimaires ne votent que s'ils sont sous la subordination directe de l'entreprise utilisatrice ; – ne pas avoir subi de condamnation pénale grave.	– avoir 18 ans ; – être salarié dans l'entreprise depuis au moins 1 an sans interruption ; – ne pas être parent ou allié du chef d'entreprise.

• *Candidatures*

- Au premier tour, les **syndicats représentatifs** ont le monopole de la présentation des listes.
- Si, au premier tour, le nombre des votants est inférieur à la moitié des électeurs inscrits, un second tour a lieu, où toutes les candidatures sont admises.

• *Le scrutin*

C'est un scrutin de liste avec représentation proportionnelle c'est-à-dire que le vote s'effectue par listes ; le panachage est autorisé. Il est attribué à chaque liste par le bureau de vote autant de sièges que le nombre de voix recueillies par elle contient le « quotient électoral »

$$\left(\frac{\text{nombre de suffrages}}{\text{nombre de sièges}}\right)$$

S'il reste des sièges à pourvoir, ils sont attribués à la plus forte moyenne (qui s'obtient en divisant le nombre de voix recueillies par le nombre de sièges déjà obtenu + 1).

Les contestations relatives à l'électorat ou à la régularité des opérations électorales sont de la compétence du tribunal d'instance.

23

Les délégués du personnel

HISTORIQUE

- Les accords Matignon (**1936**) prévoient que dans tout établissement de plus de 10 salariés des « délégués ouvriers » seront élus pour présenter des réclamations à la direction.
- Une loi de **1946** réorganise l'institution.
- La loi du 28 octobre **1982** précise que les élections de ces délégués sont obligatoires dans toutes les entreprises agricoles, commerciales, industrielles, professions libérales, sociétés civiles… où sont occupées au moins 11 personnes pendant douze mois consécutifs.
- La loi quinquennale pour l'emploi du 20 décembre **1993** a modifié plusieurs dispositions.

DÉSIGNATION DES DÉLÉGUÉS

Ils sont élus par le personnel, dans les conditions qui sont étudiées p. 113.

Leur nombre dépend de l'effectif de l'entreprise :

Nombre de salariés	Délégués titulaires	Délégués suppléants
De 11 à 25	1	1
De 26 à 74	2	2
De 75 à 99	3	3
De 100 à 124	4	4
De 125 à 174	5	5
De 175 à 249	6	6
De 250 à 499	7	7
De 500 à 749	8	8
De 750 à 999	9	9
Par tranche supplémentaire de 1 000 salariés	1 délégué en plus	1 suppléant en plus

DÉLÉGATION UNIQUE DU PERSONNEL

La loi du 20 décembre 1993 ouvre, aux entreprises de 50 à 1 999 salariés, la faculté de constituer une délégation unique du personnel ; les délégués du personnel constituant alors, également, la délégation du personnel au comité d'entreprise. L'initiative de cette mise en place revient à l'employeur.

Les délégués sont élus pour 2 ans ; leur mandat est renouvelable.

Le crédit d'heures est de 20 heures pas mois.

Cette mesure a été inspirée par la difficulté existante à trouver des candidats à ces fonctions actuellement ; différentes explications peuvent être données à ce phénomène (crise, égoïsme…) mais il est générateur de problèmes de représentativité, l'organisation des relations employeurs/salariés étant fondée sur la représentation.

LES DÉLÉGUÉS DE SITE

La loi du 28 octobre 1982 prévoit que lorsque, sur un même site, se trouvent plusieurs établissements de moins de 11 salariés, occupant au total plus de 50 salariés, le directeur de la main-d'œuvre peut, de sa propre initiative ou à la demande des organisations syndicales, imposer l'élection de délégués de site.

Il faut cependant :

- qu'il existe des problèmes communs aux entreprises du site ;
- que ces problèmes soient de même nature et suffisamment importants.

On peut entendre par « site » une zone industrielle, une rue commerçante dans une ville, un chantier composé d'entreprises différentes…

ATTRIBUTIONS

Envers l'employeur : revendications rôle essentiel	• Les délégués du personnel présentent à l'employeur les **réclamations individuelles ou collectives** des salariés ; • le chef d'entreprise doit les recevoir, sur leur demande, et ils peuvent se faire assister d'un représentant de leur syndicat ; • une **réunion mensuelle** avec l'employeur est obligatoire ; • ils suggèrent à l'employeur les mesures propres à améliorer les conditions de travail.
Consultation	Sur la période de congés payés et l'ordre des départs, reclassement d'un salarié après accident du travail, refus d'une demande de repos compensateur…
Envers les salariés : information	• Ils portent à la connaissance des salariés : – le compte rendu des réunions avec l'employeur ; – la liste écrite des revendications présentées ; – la relation des démarches extérieures ; – toutes informations susceptibles de les intéresser, notamment par voie d'affichage.
Envers l'inspection du travail : plainte et collaboration	• Ils saisissent l'inspection du travail de toute plainte ou observation concernant l'application de la législation du travail ; • ils accompagnent l'inspecteur du travail, lors de ses visites dans l'entreprise.
Envers le CHSCT : collaboration, élection, remplacement	• Ils peuvent communiquer au comité d'hygiène, de sécurité et des conditions de travail (CHSCT) les suggestions et observations du personnel ; • dans les entreprises de plus de 50 salariés, ils désignent, avec les délégués du comité d'entreprise, les membres du CHSCT ; • dans les petites entreprises, qui n'ont pas de CHSCT, ils le remplacent.
Envers le CE : remplacement	• Dans les entreprises de moins de 50 salariés, ils exercent les attributions économiques du CE ; ils doivent être consultés par l'employeur qui envisage de procéder à un licenciement collectif économique. • Dans les entreprises de moins de 200 salariés, le chef d'entreprise peut décider, après avoir consulté les représentants du personnel, de fusionner les délégués du personnel et la délégation du personnel au comité d'entreprise (loi du 20 décembre 1993). Dans ce cas, une seconde réunion doit avoir lieu une fois par mois, pour réunir les délégués du personnel en qualité de membres du CE.

MOYENS

Crédit d'heures mensuel pour exercer ces fonctions	**15 heures** par titulaire (10 heures dans les entreprises de moins de 50 salariés). Ce temps est considéré comme un temps de travail. Mais ces heures de délégation ne constituent pas un forfait : le délégué peut être amené à fournir des justifications ou peut obtenir un dépassement. Les représentants du personnel qui cumulent les attributions de DP et de membres du CE ont un crédit d'heures mensuel spécifique de 20 heures de délégation. Le temps passé avec l'employeur ne rentre pas dans le crédit d'heures.
Mise à la disposition des délégués par l'employeur	– d'un **local** pour se réunir ; – de **panneaux d'affichage** aux portes d'entrée des lieux de travail.
Déplacements	Ils peuvent **se déplacer librement** pour exercer leurs fonctions soit à l'intérieur de l'entreprise (sans en gêner le fonctionnement) soit au dehors (Inspecteur du travail, Caisse de Sécurité sociale ; le fait d'assister à des réunions syndicales n'est pas pris en considération).
Informations par l'employeur	L'employeur doit les tenir informés : – des contrats de travail temporaire ; – d'un projet de règlement intérieur ; – du registre des mouvements du personnel.
Protection	Les délégués du personnel sont protégés : leur licenciement ne peut intervenir que sous certaines conditions (voir p. 111).

24

Les comités d'entreprise

Ils existent **depuis 1945.**

> *Le comité d'entreprise est un organisme de l'entreprise qui réunit le chef d'entreprise et les représentants élus du personnel en vue d'associer ceux-ci à la marche de l'entreprise.*

Un comité d'entreprise est **obligatoire dans les entreprises de plus de 50 salariés.** (Il faut que ce seuil ait été atteint pendant 12 mois consécutifs ou non au cours des 3 années précédentes.) Il s'agit de toute entreprise industrielle, commerciale, agricole, société civile, office public.

Les comités d'entreprise ont la **personnalité juridique.**

Leur but est de **participer** à la vie de l'entreprise, de collaborer avec le chef d'entreprise. La participation tendant à se développer, leur rôle s'est accru.

L'ordonnance du 22 février 1945 a également créé les comités d'établissement qui ont la même composition et le même fonctionnement que les comités d'entreprise. Or, la loi n'avait pas dit expressément qu'ils avaient la personnalité morale. Une controverse s'en est suivie et un arrêt de la Cour de cassation du 28 janvier 1954, *Comité d'établissement de Saint-Chamond* contre *Ray,* a décidé qu'ils avaient effectivement la personnalité morale.

COMPOSITION

- Le **chef d'entreprise** qui préside et peut se faire assister de 2 collaborateurs.
- Des **représentants du personnel,** dont le nombre varie selon l'importance de l'entreprise :

Nombre de salariés	Délégués titulaires	Délégués suppléants
De 50 à 74	3	3
De 75 à 99	4	4
De 100 à 399	5	5
De 400 à 749	6	6
De 750 à 999	7	7
De 1 000 à 1 999	8	8
De 2 000 à 2 999	9	9
De 3 000 à 3 999	10	10
De 4 000 à 4 999	11	11
De 5 000 à 7 499	12	12
De 7 500 à 9 999	13	13
A partir de 10 000	15	15

Les représentants du personnel sont élus pour **deux ans ;** leur mandat est renouvelable. Les conditions d'élections sont étudiées page 113.

- Des **représentants de chaque organisation syndicale représentative** participent au comité d'entreprise, mais ils n'ont que des voix consultatives ; c'est-à-dire qu'ils donnent leur avis, mais ne participent pas aux votes pour prendre des décisions.

LE COMITÉ DE GROUPE ET LE COMITÉ CENTRAL D'ÉTABLISSEMENT

La loi du 28 octobre 1982 a rendu obligatoire :
- dans les entreprises comportant des établissements distincts : un comité central d'établissement ;
- dans les groupes de sociétés avec filiales : un comité de groupe.

Ces deux institutions fonctionnent comme le comité d'entreprise.

Composition : le chef d'entreprise, des délégués élus par les comités d'établissements ou d'entreprise ; facultativement, des représentants des organisations syndicales.

Leur rôle est essentiellement d'informer les comités d'entreprise des différentes filiales sur la stratégie générale du groupe.

Une controverse s'est également formée au sujet de l'existence de la personnalité morale des comités de groupe. La même solution a été donnée que pour les comités d'établissement ; ils ont aussi la personnalité morale.

MOYENS

Crédit d'heures	**20 heures** par titulaire et par mois, le temps passé aux séances du comité et à différentes commissions ne doit pas être imputé sur ce crédit.
Réunions	• Entreprises dont l'effectif est au moins égal à 150 salariés : 1 réunion par mois au minimum ; • entreprises dont l'effectif est inférieur à 150 salariés : 1 réunion tous les 2 mois au minimum. Les résolutions sont prises à la majorité des membres présents. Les procès-verbaux sont communiqués au chef d'entreprise, aux membres du CE et à l'inspecteur du travail. Le chef d'entreprise préside, il peut se faire assister par 2 collaborateurs.
Local	Un local doit être mis à la disposition du CE par le chef d'entreprise, ainsi que le matériel nécessaire au secrétariat et à la tenue des réunions.
Information	**Le CE peut disposer d'informations** contenues dans : – le rapport annuel d'activité ; – le rapport annuel sur l'amélioration des conditions de travail ; – les informations trimestrielles sur la situation de l'emploi ; – les rapports sur les actions de formation ; – le bilan social **L'employeur doit l'informer** sur : – l'évolution des salaires dans l'entreprise ; – l'application des accords de participation ; – la convention collective. **Le CE peut convoquer les commissaires aux comptes** pour leur demander des explications. Dans les entreprises de moins de 300 salariés, le chef d'entreprise remet au Comité d'entreprise, une fois par an, un rapport portant sur – l'activité et la situation financière de l'entreprise ; – le bilan du travail à temps partiel ; – l'évolution de l'emploi, des qualifications, de la formation et des salaires…
Conseils et formation	**Le CE peut se faire assister d'un expert comptable.** Les membres du CE peuvent participer à **des stages** de formation économique et financière cinq jours par an.
Ressources	Le CE a la personnalité juridique ; il gère son patrimoine. Il peut recevoir des dons et des legs Il dispose d'une subvention patronale annuelle et **d'une subvention de fonctionnement** qui ne peut être inférieure à 0,2 % de la masse salariale brute.
Protection	Les membres du CE. sont des travailleurs protégés.

ATTRIBUTIONS

<table>
<tr><td rowspan="4">Rôle consultatif</td><td>• sur des problèmes professionnels</td><td>– Les conditions collectives d'emploi et de travail (congés, égalité professionnelle, expression des salariés…) ;
– l'introduction de nouvelles méthodes de travail ;
– la politique de formation ;
– la compression des effectifs, l'évolution de l'emploi, les aides à l'emploi ;
– le licenciement des salariés protégés ;
– le bilan social.</td></tr>
<tr><td>• sur les problèmes économiques de l'entreprise</td><td>– Organisation économique et juridique (fusion, cession…) ;
– méthodes de gestion ;
– amélioration de la productivité ;
– la politique des prix…
– en cas de difficultés de l'entreprise, son rôle est accru (il a un droit d'alerte et désigne des représentants des salariés).</td></tr>
<tr><td>• il doit donner son accord sur</td><td>– Les accords de participation ;
– la semaine de 4 jours ou les horaires individualisés ;
– le remplacement du paiement des heures supplémentaires par un repos compensateur ;
– la nomination d'un médecin du travail ;
– la désignation des membres représentant le personnel au CHSCT.</td></tr>
<tr><td>• dans les sociétés anonymes</td><td>Des représentants du CE participent, avec voix consultatives aux réunions du CA et doivent avoir communication des mêmes informations que les actionnaires.</td></tr>
<tr><td colspan="2">Organisation et gestion d'activités sociales et culturelles</td><td>Le comité d'entreprise organise et gère :
– des cantines, crèches, colonies de vacances... ;
– des activités sportives ou de loisirs ;
– des institutions éducatives : bibliothèques, cours de culture générale...
C'est en pratique son principal rôle.</td></tr>
</table>

LE COMITÉ D'ENTREPRISE EUROPÉEN

Le 22 septembre 1994 a été adoptée une Directive communautaire concernant « l'institution d'un Comité d'entreprise européen dans les entreprises ou groupes d'entreprises de dimension communautaire ».

- **Entreprises visées**
  - Les entreprises et groupes d'entreprises communautaires,
  - occupant au moins 1 000 salariés,
  - et ayant au moins deux établissements implantés dans des États membres différents, employant au minimum 150 salariés.

- **Mise en place**
  - La responsabilité de la mise en place appartient à la direction centrale de l'entreprise ; une négociation doit avoir lieu entre la direction centrale et des représentants des travailleurs réunis au sein « d'un groupe spécial de négociation ».
  - Les parties bénéficient d'une grande liberté pour fixer le contenu de l'accord sur les modalités de mise en œuvre et de fonctionnement du CE européen [(1)].

Les États membres disposent d'un délai de 2 ans (soit, au plus tard, le 22 septembre 1996), pour transposer la Directive dans leur législation nationale.

Il faut souligner qu'en France, une trentaine de CE européens ont déjà été créés, sur une base volontaire, par la majorité des groupes français (Crédit Lyonnais, Renault, Thomson, Elf Aquitaine...).

(1) L'accord peut également décider d'instituer, au lieu d'un CE européen, une ou plusieurs procédures directes d'information ou de consultation du personnel.

25

Les syndicats professionnels

Un syndicat est un groupement de personnes exerçant la même profession ou des métiers similaires et ayant pour objet l'étude et la défense de leurs intérêts communs.

La législation du travail ne serait sans doute pas ce qu'elle est actuellement, s'il n'y avait eu, depuis plus d'un siècle, une action continue des salariés en vue d'améliorer leurs conditions de travail, sous l'impulsion des syndicats.

HISTORIQUE DU DROIT SYNDICAL

• La conquête

- Avant la révolution, du temps des corporations, les ouvriers créent des groupements occultes : les **« compagnonnages ».**

  Ils essaient d'établir une certaine solidarité entre eux ; ils organisent l'accueil des compagnons qui font « le tour de France », pour apprendre leur métier ; ils tentent de faire pression sur les maîtres pour obtenir de meilleures conditions d'embauche et de travail ; mais le pouvoir et les corporations leur sont hostiles.
- Avec la Révolution, la **loi Le Chapelier** (juin 1791), au nom de la liberté du commerce et de l'industrie, supprime les corporations et interdit aux membres d'une même profession tout groupement fondé « sur leurs prétendus intérêts communs ».
- Le mouvement ouvrier essaie de s'organiser, mais le **délit de coalition** frappe les associations de plus de vingt personnes constituées sans autorisation, les **sociétés de secours mutuel** sont tolérées ; mais ce sont des groupements clandestins, les « **sociétés de résistance** » qui constitueront la principale forme de l'action collective.
- En 1864, le délit de coalition est supprimé par Napoléon III.
- En 1884, **la loi Waldeck-Rousseau reconnaît les syndicats ;** ils peuvent se constituer librement et ont la personnalité juridique.

• *L'évolution*

- **1892 :** création de la fédération des bourses du travail ;
- **1895 :** création au congrès de Limoges de la Confédération générale du travail, regroupant toutes les bourses et les fédérations ;
- **1920 :** une loi étend la capacité civile des syndicats ;
- **1936 :** les syndicats prennent peu à peu une place officielle dans la vie de l'État ;
- **1941 :** le gouvernement de Vichy consacre dans la Charte du Travail le principe du syndicat unique, obligatoire et contrôlé par l'État ;
- **1946 :** la Constitution dans son préambule proclame : « tout homme peut défendre ses droits et ses intérêts par l'action syndicale et adhérer au syndicat de son choix » ;
- **1968 :** une loi consacre le libre exercice du droit syndical dans l'entreprise, en autorisant la création des sections syndicales d'entreprise.
- On assiste actuellement à un relatif déclin du mouvement syndical et à l'émergence, dans certains conflits, de structures informelles telles que collectifs, coordinations… Le poids des syndicats, notamment dans le cadre interprofessionnel est cependant très important ; ils jouent un rôle institutionnel essentiel.

LES PRINCIPES

• *La liberté syndicale*

Elle est reconnue par la Constitution et entraîne les conséquences suivantes :

- la création libre des syndicats ; il suffit de déposer les statuts et les noms des dirigeants à la préfecture ;
- la liberté pour les travailleurs d'adhérer ou non à un syndicat ;
- la liberté de choisir son syndicat ;
- l'interdiction de mesures discriminatoires : fondées sur l'appartenance à un syndicat.

• *Le pluralisme syndical*

Afin de sauvegarder l'unité d'action, et donc l'efficacité, il existe en France deux sortes de syndicats :

- les syndicats ordinaires ;
- les syndicats représentatifs qui sont des partenaires sociaux privilégiés ; il faut distinguer :
  - la représentativité au niveau national ;
  - la représentativité au niveau de l'entreprise (voir p. 130).

Cette représentativité donne des droits.

• *Le caractère professionnel*

C'est ce qui distingue l'association du syndicat.

- L'association peut avoir n'importe quel but (sportif, culturel...) à condition qu'il soit désintéressé.
- Le syndicat ne peut avoir qu'un but professionnel.

Ce principe comporte les conséquences suivantes :

- le syndicat ne peut se constituer qu'entre personnes **exerçant réellement une profession :**
  - aucune condition particulière n'est requise des travailleurs ;
  - les retraités peuvent demeurer dans leur syndicat ; mais il ne pourrait pas exister de syndicats de retraités ;
- le syndicat ne peut se constituer qu'entre personnes exerçant la **même profession ou des professions similaires** (boulangers et pâtissiers) ou **des professions connexes,** c'est-à-dire participant à l'élaboration d'un même produit (syndicat des travailleurs du livre) ;
- un syndicat peut se créer dans **toutes les professions,** y compris les professions libérales (loi de 1920) et les agents publics (loi de 1946). Actuellement, seuls les militaires (interdiction par une loi du 13 juillet 1972), les officiers ministériels (notaires, huissiers...) ne sont pas syndiqués ; par contre, les professions relevant d'un ordre professionnel (avocats, médecins...) ont créé des syndicats ;
- un syndicat **ne peut avoir un but politique ;** les positions politiques prises ne devraient intervenir que pour conforter la défense des intérêts professionnels.

■ *LE SYNDICALISME FRANÇAIS ACTUEL*

Les syndicats sont regroupés dans des confédérations.

• *Les principales confédérations de salariés*

Création	Nom	Secrétaires généraux
1895 – Congrès de Limoges.	Confédération générale du travail, **CGT.**	L. Viannet
1964 – Née d'une scission d'avec la CFTC qui veut rester fidèle à la doctrine sociale chrétienne.	Confédération française démocratique du travail, **CFDT.**	N. Notat

Création	Nom	Secrétaires généraux
1947 – Née d'une scission d'avec la CGT en vue de s'affranchir de la tutelle du parti communiste.	**CGT-FO (Force ouvrière).**	M. Blondel
1919 – Succédant à des syndicats chrétiens créés en 1905.	Confédération française des travailleurs chrétiens, **CFTC.**	A. Deleu
1944 – Pour défendre les intérêts des cadres.	Confédération française de l'encadrement CFE, plus connue sous le nom de Confédération générale des cadres, **CGC.**	M. Villebenoit

- Depuis quelques années, les syndicats ne donnent plus d'indications concernant l'évolution de leurs effectifs ; la comptabilisation des adhérents est très délicate (manque de régularité dans le paiement des cotisations...). Leur audience est plutôt mesurée par les résultats obtenus aux élections professionnelles.
- Le syndicat SUD (Solidaires, unitaires et démocratiques), né d'une dissidence des postiers et agents des Télécommunications CFDT en 1989, se développe actuellement dans le secteur public (SNCF, Assistance publique…) et va peut-être modifier l'ordre établi parmi les grandes centrales syndicales.

● *Le syndicalisme patronal*

• Son rôle

- Envers l'État : les syndicats patronaux sont des partenaires sociaux ; ils sont souvent consultés ; ils s'efforcent de défendre les intérêts (par exemple fiscaux) de leurs adhérents.
- Envers les syndicats de salariés : ils discutent avec eux et arrivent parfois à la signature d'accords collectifs.
- Envers les professions : ils s'efforcent de les discipliner, de réglementer la concurrence et de leur apporter toute l'aide possible.

• Les principaux syndicats

- le **CNPF** : il fut créé en 1945, constitué d'ailleurs en association ; son secrétaire général est M. Gandois ;

- la **CGPME :** confédération générale des petites et moyennes entreprises ;
- le **CNAM :** confédération nationale de l'artisanat et des métiers ;
- la **CAPEB :** confédération des artisans et petites entreprises du bâtiment.

ORGANISATION ET FONCTIONNEMENT DES SYNDICATS

• Les organes

L'assemblée générale prend les dispositions les plus importantes (par exemple modification des statuts). Elle désigne les administrateurs (dirigeants) ; ceux-ci représentent le syndicat et ont de larges pouvoirs.

Les dirigeants doivent :

- être âgés de 18 ans ;
- ne pas avoir subi de condamnations infamantes.

Les « permanents » : rémunérés par le syndicat, ils aident les dirigeants dans les syndicats importants.

• Les structures

Chaque syndicat a sa propre structure, mais on retrouve cependant des caractéristiques communes.

Il existe :

- un **regroupement horizontal** sur le plan géographique : les unions locales, départementales, régionales. Elles regroupent les salariés de toutes professions ;
- un **regroupement vertical**, sur le plan professionnel : les fédérations regroupant les syndicats d'une même branche. (Ex. : fédération du bâtiment, de la chimie...) ;
- la **confédération** réunit les unions et les fédérations au niveau national. Elle constitue la centrale syndicale. (Ex. : CGT, CFDT…).

– Les **congrès** : réunissent les délégués de tous les métiers et de tous les départements ; ils sont organisés par les confédérations, et jouent un rôle important dans la vie syndicale.

Un exemple de structures syndicales

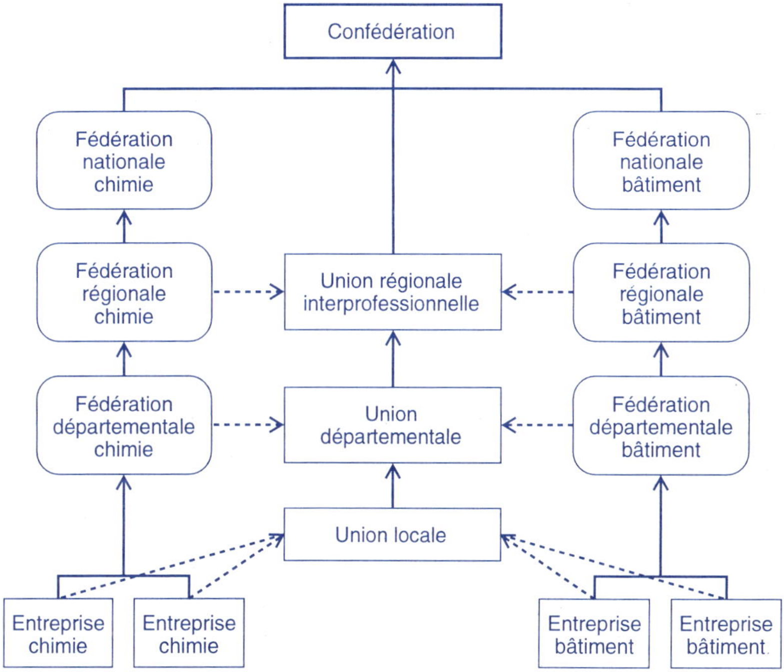

L'ACTION DU SYNDICAT

• Le syndicat a la personnalité civile

Il peut :

Ester en justice (soutenir une action en justice, comme demandeur ou défendeur)	– pour la défense de ses intérêts en tant que personne morale ; – pour la défense des intérêts collectifs de la profession. Ex. : non-respect par un employeur d'une disposition d'une convention collective ; – se constituer partie civile à l'occasion d'un procès devant une juridiction répressive. Ex. : à l'occasion d'un accident du travail, s'il y a eu inobservation du Code du travail ; – en tant que mandataire : lors d'un conflit opposant un salarié et un employeur devant le Conseil de prud'hommes : la loi autorise le salarié à se faire représenter devant ce tribunal par un délégué d'une organisation syndicale.

Acquérir des biens	– il peut tout à fait librement recevoir des dons et des legs ou acheter des biens immobiliers ou mobiliers ; – les biens indispensables à son fonctionnement sont insaisissables.
Passer des contrats	– contrats individuels. Ex. : embauche d'une secrétaire, location d'un local, achat ; – contrats collectifs : négociation d'accords.

• *Le rôle du syndicat*

La nouvelle rédaction de l'article L. 411-1 du Code du travail indique :
Art. L 411-1 (*L. n° 82-816 du 28 oct. 1982).* Les syndicats professionnels ont exclusivement pour objet l'étude et la défense des droits ainsi que des intérêts matériels et moraux, tant collectifs qu'individuels, des personnes visées par leurs statuts.
Le syndicat est limité au **champ professionnel.**

Il a essentiellement une :

- **action revendicative :** les dirigeants interviennent auprès de l'employeur ou des autorités ; ils protestent, saisissent l'opinion publique et surtout peuvent recourir à l'appel à la grève. Dans les services publics ils ont d'ailleurs un monopole dans le déclenchement des grèves ;
- **action de représentation :** ce sont eux qui représentent les intérêts de leurs adhérents ou de la profession envers les employeurs ou l'État.

• *Les syndicats représentatifs*

• Les critères de représentativité

L'article L. 133-2 du Code du travail énumère ainsi les critères de représentativité des organisations syndicales :

Art. L. 133-2. La représentativité des organisations syndicales est déterminée d'après les critères suivants :
- les effectifs ;
- l'indépendance ;
- les cotisations ;
- l'expérience et l'ancienneté du syndicat ;
- l'attitude patriotique pendant l'occupation. – *[Art. repris sans modification par L. n° 82-957 du 13 nov. 1982.]*

(Le dernier critère ne revêt plus qu'un caractère historique ; il a surtout eu une importance dans les années qui ont suivi la seconde guerre mondiale.)

• L'appréciation de la représentativité

Elle se fait à différents niveaux :

• ***Au niveau national***

Un arrêté du 31 mars 1966 a désigné comme représentatives de droit au niveau national :

- la Confédération générale du travail (CGT) ;
- la Confédération française démocratique du travail (CFDT) ;
- la Confédération française des travailleurs chrétiens (CFTC) ;
- la Confédération française de l'encadrement (CFE ou CGC) ;
- la Confédération générale du travail - Force ouvrière (CGT-FO).

Les syndicats qui leur sont alliés sont considérés comme représentatifs. Pour les autres syndicats, la représentativité doit être prouvée.

• ***Au niveau de l'entreprise***

La jurisprudence reconnaît la représentativité aux syndicats qui justifient d'une activité et d'une audience réelle ; plusieurs critères (voir ci-dessus) doivent être réunis. On fait prévaloir les faits sur le droit.

• Les conséquences de la représentativité

• ***Au niveau national***

Les syndicats représentatifs :

- sont représentés dans certains organismes d'État : Conseil économique et social, Commission nationale de la négociation collective... ;
- désignent des administrateurs dans les entreprises nationalisées, aux caisses de Sécurité sociale ;
- négocient et signent les conventions et accords collectifs nationaux ;
- reçoivent des subventions de l'État pour la formation syndicale ;
- peuvent exercer en justice les actions relatives au licenciement économique, en faveur d'un salarié, sans avoir à justifier d'un mandat (loi de 1989).

• ***Au niveau de la profession***

Les syndicats représentatifs participent seuls à la négociation des conventions et accords collectifs de travail et peuvent en demander l'extension.

• ***Au niveau de l'entreprise***

Les syndicats représentatifs :

- ont le monopole de la présentation au premier tour des candidats aux élections professionnelles ;
- désignent un représentant au Comité d'entreprise ;
- peuvent conclure des accords collectifs d'entreprise ;
- peuvent créer des sections syndicales et désigner des délégués syndicaux.

LA SECTION SYNDICALE D'ENTREPRISE

C'est « l'antenne » du syndicat dans l'entreprise. Elle n'a pas la personnalité juridique.

Pendant longtemps, les employeurs ont obtenu que, contrairement à ce qui existait dans les pays de l'Est ou aux USA, le syndicat reste en dehors de l'entreprise.

C'est **une loi du 27 décembre 1968,** prévue dans les accords de Grenelle, qui a autorisé **la section syndicale d'entreprise.**

Son rôle

La section :

- collecte les cotisations à l'intérieur de l'entreprise et pendant le temps de travail ;
- réunit ses adhérents une fois par mois dans l'enceinte de l'entreprise, en dehors des locaux de travail ;
- affiche les communications syndicales sur des panneaux spéciaux ;
- diffuse les documents syndicaux ou tracts aux heures d'entrée et de sortie du personnel ;
- peut inviter des personnalités extérieures à l'entreprise pour participer à des réunions qu'elle organise. S'il s'agit de personnalités non syndicales, l'accord du chef d'entreprise est nécessaire.

Elle dispose de locaux :

- entreprises de plus de 200 salariés : un local commun ;
- entreprises de plus de 1000 salariés : un local particulier.

Le délégué syndical

- Toute organisation qui a créé une section syndicale dans une entreprise d'au moins 50 salariés désigne un ou plusieurs délégués.

Nombre de délégués syndicaux selon la taille de l'entreprise

50 à 999 salariés : 1 délégué
1 000 à 1 999 salariés : 2 délégués
2 000 à 3 999 salariés : 3 délégués
4 000 à 9 999 salariés : 4 délégués
Au-delà de 9 999 salariés : 5 délégués

Depuis la loi du 28 octobre 1982, dans le cas d'entreprises d'au moins 2 000 salariés comportant au moins 2 établissements de 50 salariés minimum : chaque syndicat représentatif peut désigner 1 délégué syndical central d'entreprise.

- Il doit avoir plus de 18 ans et avoir travaillé dans l'entreprise depuis au moins 1 an ; son mandat a une durée indéterminée.
- Il assure la liaison entre le syndicat et la section syndicale d'entreprise.
- Il représente et défend les salariés auprès du chef d'entreprise et peut se déplacer à tout moment dans l'entreprise.
- Il participe à la mission revendicative des syndicats, ce qui peut poser des problèmes de frontières avec l'action des délégués du personnel.
- Il représente les syndicats dans les conventions collectives au niveau de l'entreprise.
- Il a droit, pour exercer ses fonctions, à un crédit d'heures rémunérées :
  - 10 heures dans les entreprises de 50 à 150 salariés ;
  - 15 heures dans les entreprises de 150 à 500 salariés ;
  - 20 heures dans les entreprises de plus de 500 salariés.

Toute atteinte à l'exercice du droit syndical dans l'entreprise est sanctionnée pénalement par le délit d'entrave (voir page 111).

26

Le droit d'expression des salariés

Il a été institué par la **loi du 4 août 1982** (l'une des quatre lois « Auroux »), complétée par une **loi du 3 janvier 1986** (article L. 461 du Code du travail).

● *Entreprises concernées*

Toutes les entreprises privées, les établissements industriels et commerciaux, quel que soit l'effectif.

Ce droit concerne tous les salariés.

● *Domaine*

C'est un droit à l'expression « directe et collective » sur le contenu, les conditions d'exercice et l'organisation du travail. L'objectif est de définir les actions à mettre en œuvre pour améliorer :

- les conditions de travail ;
- l'organisation de l'activité ;
- la qualité de la production.

● *Exercice*

Ce droit n'est pas réglementé, mais organisé consensuellement.

Les groupes d'expression sont constitués d'après l'organisation du travail dans l'entreprise (ateliers, services…).

Les réunions ont lieu sur les lieux et pendant le temps de travail.

Le crédit d'heures annuel pour s'exprimer varie selon l'entreprise.

Les vœux et avis émis par les groupes d'expression sont transmis à l'employeur et communiqués, ainsi que les suites données, aux représentants du personnel.

• *Mise en place*

- Dans les entreprises d'au moins 50 salariés et où un délégué syndical a été désigné, les modalités du droit d'expression sont fixées par un accord conclu entre l'employeur et les organisations syndicales représentatives.
  En l'absence d'accord, l'employeur doit engager au moins une fois par an, une négociation.
- S'il n'y a pas de délégué syndical : l'employeur doit obligatoirement consulter une fois par an le CE ou les DP sur les modalités d'exercice du droit d'expression.

• *Bilan*

Ce droit, expression de la « citoyenneté dans l'entreprise » (Jean Auroux), n'a pas, généralement, répondu aux attentes de son initiateur.
Beaucoup d'entreprises l'ont négligé ou l'ont vidé de son contenu, en le réduisant à une simple formalité. Certaines grandes entreprises l'ont appliqué, mais en constatant que l'exercice de ce droit faisait « double emploi » avec les cercles de qualité.

27

La négociation collective, conventions et accords collectifs de travail

Une convention collective *est un accord conclu entre employeurs et syndicats de salariés qui traite de l'ensemble des conditions d'emploi de travail et de garanties sociales applicables aux salariés compris dans son champ d'application.*

Un accord collectif *porte sur l'un des points contenus dans cet ensemble. Ex. : retraite, chômage...*

HISTORIQUE

- C'est à partir de **1919** que les conventions collectives ont été soumises à un régime légal.
- Une loi de **1936** a innové de façon importante en permettant à l'autorité publique de procéder, par arrêté ministériel, à l'extension des conventions collectives signées par les syndicats représentatifs ; à partir de cette période, les accords se sont multipliés.
- Deux lois de **1950** et **1971** ont facilité la conclusion d'accords car elles laissaient une grande souplesse aux partenaires sociaux et permettaient la conclusion d'accords au niveau des établissements.
- En **1982,** le gouvernement a voulu donner une importance accrue à la négociation collective en instituant une obligation de négocier, au niveau de l'entreprise et au niveau de la branche afin que la plus large majorité des salariés bénéficie de normes conventionnelles.

Depuis quelques années, les accords visant à aménager le temps de travail (modulation annuelle pour faire face aux fluctuations de l'activité, temps partiel...) se multiplient ; leur objectif est d'éviter les réductions d'effectifs.

ÉLABORATION

Signataires

Du côté des salariés

- Les organisations syndicales reconnues représentatives au plan national.
- Les autres organisations qui ont fait la preuve de leur représentativité au niveau où se situe la négociation

Du côté des employeurs

- Au niveau interprofessionnel : le CNPF, la CGPME, l'UPA (Union Professionnelle Artisanale).
- Au niveau des branches : les organisations patronales représentatives au niveau de la branche.
- Au niveau de l'entreprise : l'employeur.

Forme et publicité

Toute convention ou accord collectif doit être rédigé par écrit.

Le texte doit faire l'objet d'une publicité. Il est transmis :

- au ministère chargé du Travail ;
- au Conseil de prud'hommes du lieu de la conclusion ;
- et dans l'entreprise :
  - au Comité d'entreprise, aux délégués du personnel et délégués syndicaux ;
  - un exemplaire doit être tenu à la disposition du personnel.

Durée

L'accord peut être à durée déterminée (maximum 5 ans) ou indéterminée.

Il peut être révisé et modifié. On appelle *avenant* le texte qui modifie ultérieurement un accord.

L'accord peut aussi être dénoncé par l'une des parties signataires ; des règles très précises sont fixées par le Code du travail pour cette dénonciation.

CONTENU ET CHAMP D'APPLICATION

Contenu

Leur objet est de définir l'ensemble des conditions d'emploi et de travail. Elles doivent obligatoirement comporter : le champ d'application, les modalités de révision et de dénonciation.

Les clauses relatives aux conditions de travail et aux garanties sociales ne peuvent déroger aux dispositions de l'ordre public social des lois et règlements. En aucun cas elles ne peuvent être moins favorables que la loi.

La loi de 1982 détermine certains domaines sur lesquels doit obligatoirement porter la négociation.

La possibilité d'accords dérogatoires est reconnue depuis quelques années :

> Ex. : en ce qui concerne la répartition des horaires de travail à l'intérieur de la semaine (loi du 19 juin 1987), l'accord d'entreprise dérogatoire ne peut entrer en vigueur dans l'entreprise qu'en l'absence d'opposition (dans un délai de 8 jours) des syndicat majoritaires.

• *Champ d'application*

La convention ou l'accord détermine son champ d'application ; celui-ci est :

- territorial : il peut être national, régional ou local. L'accord d'entreprise s'applique dans l'entreprise où il a été signé ;
- professionnel : il détermine les personnes assujetties : c'est le rattachement professionnel de l'employeur qui est pris en compte.

Il faut distinguer les conventions et accords :

Ordinaires	Étendus
– les organisations qui les signent peuvent ne pas avoir la représentativité au niveau national (voir p. 131) ; – ils n'engagent que les signataires.	– ils doivent être signés par les organisations représentatives au niveau national ; – ils doivent obligatoirement comporter certaines clauses. Après la procédure d'extension (voir ci-dessous), ils s'appliquent à toute la branche professionnelle.

EXTENSION ET ÉLARGISSEMENT

- **La procédure d'extension** a pour effet de rendre le texte applicable à tous les employeurs d'une profession ou d'une région ; elle se déroule de la façon suivante :

Négociation en commission mixte paritaire
présidée par le ministre du Travail
et
conclusion à l'unanimité des organisations syndicales
représentatives dans leur champ d'application

↓

Consultation de la commission nationale
de la négociation collective

↓

Enquête : avis publié au JO, les organisations
et personnes intéressées
sont invitées à faire connaître leurs observations.

↓

Arrêté d'extension du ministre du Travail

↓

Publication au JO des dispositions étendues
elle fixe la date d'entrée en vigueur.

- **L'élargissement** a pour effet de rendre le texte applicable à des entreprises d'un secteur territorial ou professionnel différent. Cela se produit lorsque, dans une branche, il se manifeste une impossibilité persistante de conclure une convention ou un accord.

  Ex. : la convention collective de la chimie de la région A est élargie à la région B...

L'OBLIGATION DE NÉGOCIER

La **loi du 13 novembre 1982** a fixé une obligation régulière de négociation entre employeurs et salariés.

Lors des débats précédant le vote de la loi à l'Assemblée nationale, M. Auroux, alors ministre du Travail, a déclaré : « L'obligation de négocier n'est pas synonyme de l'obligation de conclure ».

Il s'agit donc d'une **obligation de moyens** et non de résultat.

Au niveau de la branche professionnelle

Les organisations liées par une convention de branche ou des accords professionnels doivent se réunir :

- **Au moins une fois par an** pour négocier sur les salaires et, à cette occasion, examiner :
  - l'évolution économique ;
  - la situation de l'emploi ;
  - l'évolution des salaires moyens par catégorie professionnelle et par sexe.
- **Au moins une fois tous les cinq ans** pour examiner la nécessité de modifier les qualifications professionnelles.

• *Au niveau de l'entreprise*

• Modalités

- L'obligation concerne les entreprises où sont constituées une ou plusieurs sections syndicales, quel que soit l'effectif des salariés.
- C'est une négociation annuelle.

• Contenu

La négociation doit porter sur :
- les salaires effectifs ;
- la durée et l'organisation du temps de travail.

• En cas d'échec

Il est établi un procès-verbal de désaccord qui énonce :
- les propositions respectives des parties ;
- les mesures que l'employeur entend appliquer unilatéralement.

• *Regroupement éventuel pour les entreprises de moins de cinquante salariés*

Il est possible de regrouper, sur un plan local, des entreprises occupant moins de 50 salariés pour conclure un accord collectif.
L'accord collectif a pour but de mettre en place une commission paritaire qui a pour mission :
- d'élaborer des conventions ou accords collectifs ;
- d'examiner les réclamations sur les salaires ;
- de mettre en place des délégués de site.

28

La formation professionnelle continue

CADRE JURIDIQUE

Elle concerne les salariés qui, au cours de leur vie professionnelle, sont amenés :

- à mettre à jour leurs connaissances en raison de l'évolution rapide des sciences et des techniques ;
- à se reconvertir en raison du déclin de certaines activités et des transformations des structures des entreprises.

Une formation spécifique est aussi prévue pour les travailleurs non salariés[1].
La réglementation a sa source dans le Code du travail (art. L. 900.1 et s.) et dans des accords professionnels et interprofessionnels

L'article L. 900-1 du Code du travail dispose : « La formation professionnelle permanente constitue une obligation nationale. »

> ***Cette obligation se concrétise par :***
> *– le droit au congé individuel de formation pour le salarié ;*
> *– l'obligation de participer au financement de la formation : pour l'entreprise.*

Ces questions ont été notamment réglementées par la loi du 16 juillet 1971, complétée par différents accords nationaux interprofessionnels, des lois de 1984, 1990 et 1991. La loi du 20 décembre 1993 a institué le principe d'un « capital temps » de formation au profit des salariés.

(1) En 1993, 8 millions de personnes (salariés ou demandeurs d'emploi) ont participé à une action de formation.

DOMAINE

Une action de formation peut être poursuivie :

- dans le cadre du congé formation, à l'initiative du salarié,
- dans le cadre de la politique de formation de l'entreprise ou du plan de formation, à l'initiative de l'employeur.

L'accord du salarié est obligatoire pour le bilan de compétence ou une formation qualifiante.

Les actions de formation peuvent :

Concerner les non-salariés	Concerner les salariés		
• Actions de préformation et de préparation à la vie professionnelle. • Actions de conversion (après rupture d'un contrat de travail).	*Maintien de l'emploi* • Action d'adaptation (en vue d'un nouvel cmploi). • Action de prévention (en vue d'une éventuelle mutation).	*Amélioration des compétences* • Action de promotion (qualification plus élevée). • Action d'acquisition, perfectionnement ou entretien des connaissance (le but peut être simplement culturel) • Action de formation qualifiante (préparation d'un diplôme d'État par exemple, en dehors du temps de travail).	*Bilan de compétences* • Il permet à chaque salarié d'analyser ses compétences, ses aptitudes et de définir un projet professionnel. • Il dure 24 heures maximum (prises sur le temps de travail). • Y ont droit les salariés ayant 5 ans d'ancienneté, dont 12 mois dans l'entreprise (loi du 31 décembre 1991).

OBLIGATIONS DES ENTREPRISES

• Obligations de négociation et de consultation

- Consultation des **représentants du personnel** (CE dans les entreprises de plus de 50 salariés) :
  - Les représentants du personnel doivent participer, dans le cadre de l'expression collective des salariés, à des propositions.
  - Ils doivent obligatoirement être consultés **chaque année** sur les actions prévues.

- Ils doivent donner leur avis sur la formation professionnelle et le plan de formation de l'année précédente.

- Consultation au niveau des branches professionnelles.
  Elles doit être organisée tous les 5 ans sur les priorités et les objectifs de la formation.

• *Obligations financières* (1)

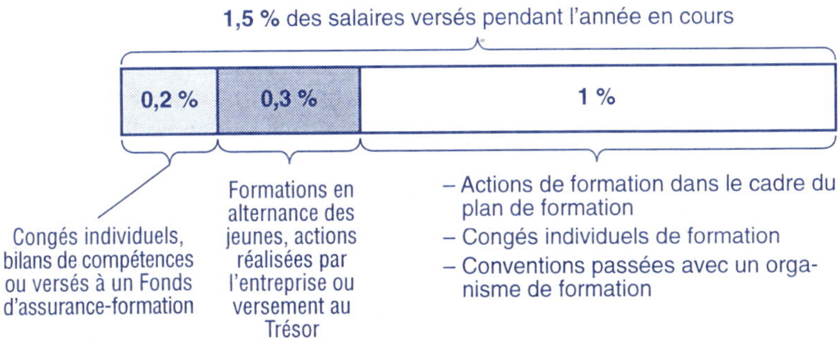

Si l'entreprise n'organise pas les actions ci-dessus, elle peut se libérer de son obligation financière :
- en finançant des stages au profit des demandeurs d'emploi ;
- en versant à un organisme paritaire collectif agréé (OPCA) ;
- en versant à des organismes agréés, dans la limite de 10 %.

Afin d'inciter les entreprises à participer à la formation, elles peuvent bénéficier d'un crédit impôt-formation.

ORGANISATION DE LA FORMATION DANS L'ENTREPRISE

Elle se réalise par :

un **congé formation** s'il est demandé par le salarié	**et**	le **plan de formation** organisé par l'entreprise

• *Le congé individuel de formation*

Tout salarié, français ou étranger, quels que soient son âge, sa qualification, son statut (à temps partiel, intérimaire…), peut demander un congé de formation quel que soit l'effectif de l'entreprise.

(1) En 1993, la France a investi 131 milliards de francs dans la formation professionnelle.

Durée maximale :

- un an pour les stages à temps plein ;
- 1 200 heures pour les stages discontinus ou à temps partiel.

Le contrat de travail est suspendu ; le salarié bénéficie de la couverture sociale et doit remettre des attestations mensuelles de fréquentation.

• Conditions

- Ancienneté de 24 mois dans la branche professionnelle, dont 12 mois en entreprise.
- Le salarié doit attendre un « délai de franchise » s'il a déjà bénéficié d'un stage (sauf s'il s'agissait d'un stage entrant dans le plan de formation de l'entreprise) ; la durée du délai de franchise est fonction de la durée du dernier stage suivi ; il est égal au 1/12e de la durée du dernier stage suivi (exprimée en heures).

  Ex. : pour un stage ayant duré 120 heures : 10 mois.

  Ce délai ne peut être inférieur à 6 mois et supérieur à 6 ans.

  Les salariés en CDD peuvent également bénéficier d'un congé individuel de formation.

• Procédure à suivre

- Le salarié doit déposer sa demande :
  - 30 jours à l'avance pour un stage de moins de 6 mois ou à temps partiel ;
  - 60 jours à l'avance pour un stage de plus de 6 mois.
- La demande doit être écrite et indiquer :
  - la désignation du stage, sa durée, ses dates de début et de fin, le nom de l'organisme responsable.
- L'employeur doit faire connaître sa réponse dans un délai de 10 jours.

  Si le salarié remplit les conditions, sa demande ne peut être refusée. Cependant, l'employeur peut différer le congé :
  - s'il estime que l'absence du salarié est préjudiciable à l'activité de l'entreprise ;
  - si, dans les entreprises de plus de 200 salariés, le nombre de personnes ayant demandé en même temps à bénéficier d'un congé-formation dépasse 2 % de l'effectif ;
  - si, dans les entreprises de moins de 200 salariés, le nombre d'heures de formation déjà accordées dépasse 2 % du nombre total des heures effectuées dans l'année par l'ensemble des salariés ;
  - si, dans les entreprises de moins de 10 salariés, les formations entraînent l'absence simultanée de 2 salariés.

- **Rémunération**

- Elle est assurée par l'entreprise quand la formation entre dans le cadre du plan de formation.
- Elle est versée par les organismes qui collectent le 0,20 % réservé aux congés individuels de formation : il s'agit du Fonds d'assurance-formation ou d'organismes paritaires à compétence régionale ou interprofessionnelle.

Le financement sera refusé si le stage ne répond pas à l'un des objectifs de formation définis par l'article L. 900-2 du Code du travail : adaptation, conversion, prévention, entretien, perfectionnement, promotion professionnelle. La rémunération peut être intégrale ou égale à un certain pourcentage du salaire (80 % le plus souvent).

• *Le plan de formation organisé par l'entreprise*

Les actions bénéficient aux salariés sous la forme de stages.
Pour entrer dans le cadre légal et donc libérer l'entreprise du versement de la participation, les actions doivent être celles visées p. 142.
D'autres actions peuvent également s'imputer : formation à la sécurité, formation des conseillers salariés prud'homaux, des représentants salariés dans les conseils d'administration, des membres du CE, du CHSCT, formations économique, syndicale, sociale...
Les actions de formation de l'entreprise peuvent s'organiser de deux manières :

Formation organisée **dans l'entreprise** (les frais et les rémunérations sont pris en compte sur la participation)	Formations organisées dans le cadre de conventions conclues **avec un organisme de formation.** Ces conventions peuvent être annuelles ou pluriannuelles.

OBLIGATIONS IMPOSÉES AUX ORGANISMES DE FORMATION

Depuis le 1er janvier 1992, les organismes de formation sont soumis à des obligations plus rigoureuses :

- les organismes qui reçoivent une aide de l'État sont soumis à une procédure d'habilitation ;
- la conclusion d'un contrat de formation est obligatoire entre l'organisme et tout individu qui, hors du cadre du congé individuel de formation, entreprend à titre individuel et à ses frais, une formation ;

- un règlement intérieur applicable aux stagiaires doit être établi ;
- dans chaque stage d'une durée supérieure à 200 heures, les stagiaires doivent procéder, pour la durée du stage, à l'élection d'un délégué ;
- les organismes de formation de droit privé doivent établir des comptes annuels et doivent désigner un commissaire aux comptes.

On décompte environ 40 000 organismes, certains sont des organismes para-publics (associations), d'autres sont publics (Éducation nationale…), d'autres sont privés ; aucun contrôle pédagogique n'est organisé.

29

Le Conseil de prud'hommes

Le Conseil de prud'hommes est une juridiction compétente pour régler les conflits individuels du travail (entre un employeur et un salarié).

En effet, les conflits collectifs (des salariés contre un ou plusieurs employeurs) ont des procédures de règlement particulières (voir page 157).

HISTORIQUE

Depuis très longtemps existent des juridictions spéciales pour régler les litiges nés de l'exécution du travail.

- L'institution des juges appelés « prud'hommes », *homo prudens,* appellation qui évoque l'idée de sagesse, expérience, équité et probité, remonte au **Moyen Age** sous le règne des corporations existaient des Jurandes composées uniquement de maîtres pour faire la réglementation du travail ;
- à la **Révolution,** l'abolition des corporations entraîne la suppression des Jurandes. Les litiges professionnels sont de la compétence des tribunaux civils ;
- **1806** : création, par Napoléon 1er, d'un Conseil de prud'hommes à Lyon ;
- **1844** : création d'un Conseil à Paris (composé uniquement d'employeurs) ;
- **1848** : des conseillers salariés siègent aux prud'hommes ;
- plusieurs réformes sont intervenues depuis, notamment en **1907, 1958, 1979, 1982.**

COMPÉTENCES DU CONSEIL DE PRUD'HOMMES

• Compétence d'attribution

Pour être du ressort d'un Conseil de prud'hommes, le conflit doit répondre à trois critères :

– un contrat de travail (oral ou écrit) entre le salarié et l'employeur ;
– litige à l'occasion de ce contrat (formation, exécution, rupture) ;
– litige individuel.

• Compétence territoriale

Le conseil compétent est celui dans le ressort :
– où est situé l'établissement où travaille le salarié ;
– du domicile du salarié (VRP, travailleurs à domicile) ;
– du lieu où l'engagement a été contracté ;
– du lieu où l'employeur est établi.

ORGANISATION

Il existe au moins un Conseil dans le ressort de chaque tribunal de grande instance. Il y a actuellement environ 300 conseils de prud'hommes.
Chaque Conseil est divisé en sections et, s'il s'agit d'un Conseil important, chaque section en chambres :

sections →
- industrie, commerce et services commerciaux
- agriculture, encadrement, ingénieurs, cadres
- activités diverses.

Une chambre pour les litiges relatifs au licenciement économique doit être créée.

Le Conseil de prudh'hommes est une juridiction :

• d'exception

C'est-à-dire une juridiction qui a une compétence spéciale, ici : les conflits individuels du travail (les juridictions qui ont une compétence générale sont des juridictions de droit commun).

• paritaire

Il y a autant de conseillers employeurs que de conseillers salariés. Chaque section comprend au moins :
– 4 conseillers prud'hommes employeurs ;
– 4 conseillers prud'hommes salariés.

• élective

Les conseillers sont élus :
– par les employeurs ;
– par les salariés.

ÉLECTION

Les conseillers sont élus à **la représentation proportionnelle** pour une durée de **5 ans** et sont indéfiniment rééligibles.

Les listes électorales sont établies par les mairies, auxquelles l'employeur doit communiquer le nom des salariés qu'il emploie, leur numéro de Sécurité sociale, ainsi que la section dont relève l'entreprise. La liste des entreprises est transmise au maire par le ministère. La présentation des candidatures est libre.

Conditions pour être électeur	Conditions pour être éligible
– avoir 16 ans ou plus ; – ne pas avoir subi de condamnation entraînant une incapacité électorale ; – avoir une activité professionnelle (ou être demandeur d'emploi depuis moins de 12 mois).	– avoir 21 ans au moins ; – avoir la nationalité française ; – ne pas avoir subi de condamnation ; – être en activité, ou avoir été inscrit pendant 3 ans au moins sur les listes électorales et avoir cessé depuis moins de 10 ans d'exercer son activité professionnelle.

- **Scrutin**

  C'est un scrutin de liste avec représentation proportionnelle à la plus forte moyenne.

- **Vote**

  Les salariés et les employeurs votent, un jour de semaine, pendant les heures de travail dans la section à laquelle ils sont rattachés.

- **Le président et le vice-président**

  Ils sont élus parmi les membres du Conseil pour un an. La présidence et la vice-présidence sont assurées alternativement chaque année par les conseillers prud'homaux salariés et employeurs. L'année où le président est employeur, le vice-président est salarié, et ainsi de suite.

DROITS DES CONSEILLERS PRUD'HOMAUX SALARIÉS

- Leur salaire est maintenu ; les employeurs sont remboursés par l'État.
- Ils ont droit à 6 semaines de formation (fractionnées ou non) pendant la durée de leur mandat.
- Ce sont des travailleurs protégés : leur licenciement doit être autorisé par l'inspecteur du travail ; la protection dure pendant le mandat et six mois après la cassation des fonctions.

PROCÉDURE DEVANT LE CONSEIL DE PRUD'HOMMES

Secrétariat

Saisine du conseil

– soit directement, soit par l'intermédiaire d'un avocat ou d'un représentant ;
– le secrétaire-greffier donne à remplir un imprimé où il faut indiquer l'adresse des parties et les demandes chiffrées.

↓

Envoi d'une **convocation** devant le bureau de conciliation par le secrétaire greffier du conseil.

↓

Bureau de conciliation

Audience de conciliation

– audience non publique
– 2 conseillers
– les parties doivent être **présentes**
– elles peuvent se faire **assister** par :
  – un avocat
  ou – 1 délégué syndical, permanent
  ou – 1 salarié ou un employeur appartenant à la même branche
  ou – le conjoint

↓

Pas de conciliation → Procès-verbal de non conciliation.

Conciliation → **Règlement du conflit.** Procès-verbal de conciliation.

↓

Bureau de jugement

Audience du jugement

– audience publique ;
– au moins 4 conseillers ;
– les parties peuvent se faire représenter par les mêmes personnes que ci-dessus ; elles doivent être munies d'un pouvoir, à l'exception de l'avocat.

↓

Si une majorité ne se dégage pas pendant ce délibéré, l'affaire revient devant 5 juges : le cinquième étant un juge du T.I. qui prend le nom de « juge départiteur ».

↓

Jugement

Sa particularité réside dans le fait qu'elle se déroule en deux temps :

– **phase de conciliation,** au cours de laquelle, en audience non publique, deux conseillers essaient de concilier les parties et peuvent ordonner des mesures provisoires : délivrance d'un certificat de travail, d'une provision... S'il y a conciliation, la procédure s'arrête ; s'il n'y a pas de conciliation ou conciliation partielle, la procédure continue ;

- **phase de jugement :** après avoir entendu les arguments des parties, soit directement, soit généralement par l'intermédiaire d'un avocat ou par un délégué syndical, du personnel ou le conjoint. Le Conseil peut estimer être insuffisamment informé et ordonner des mesures « avant dire droit » comme : enquête ou expertise.

  Un conseiller rapporteur peut être nommé afin de « mettre la procédure en état » (terme de procédure repris de la procédure civile).

• *Le référé prud'homal*

La loi du 18 janvier 1979 a prévu la possibilité d'utiliser devant le conseil la procédure du référé, applicable en cas d'urgence et quand il n'y a pas de difficultés sérieuses (mesures conservatoires, provision au créancier...).
Il y a au moins une audience de référé par semaine.

• *Une procédure d'urgence est prévue en cas de licenciement pour motif économique*

La tentative de conciliation, doit avoir lieu dans le mois de la saisine du Conseil de prud'hommes et l'audience du bureau de jugement dans un délai maximum de six mois.

• *Les voies de recours*

• Opposition

Lorsque le défendeur a été jugé par défaut et qu'un jugement a été rendu contre lui ; il peut, dans un délai de 1 mois, « faire opposition » ; l'affaire revient devant le Conseil de prud'hommes.

• Appel

On peut, en principe, toujours faire appel d'une décision rendue en première instance, dans un délai de 1 mois : devant une cour d'appel (33 en France). C'est une juridiction de droit commun, composée de magistrats professionnels. La cour d'appel juge à nouveau le procès. Elle rend un arrêt qui peut être :

- confirmatif : elle juge comme le Conseil,
- infirmatif : elle juge différemment.

En matière prud'homale, l'appel est porté devant une chambre sociale ; la postulation d'un avoué à la Cour n'est pas nécessaire.
On ne peut faire appel des jugements rendus dans des litiges portant sur une somme inférieure à 20 500 F (au 1er janvier 1996).
L'appel est suspensif, sauf si le conseil a ordonné l'exécution provisoire de sa décision.

- **Cassation**

Celui qui a perdu son procès peut, dans un délai de deux mois faire un « pourvoi » en cassation (le pourvoi n'est pas suspensif). L'affaire vient devant la chambre sociale de la Cour de cassation. La Cour de cassation ne reprend pas le procès dans son ensemble, mais vérifie seulement que les premiers juges ont bien appliqué le droit. On peut se pourvoir en cassation de toutes les décisions rendues en dernier ressort, soit :

  - par la cour d'appel,
  - par le Conseil de prud'hommes, pour les litiges inférieurs à 20 500 F.

La Cour de cassation soit :

  - rejette le pourvoi, et le procès est alors définitivement terminé,
  - casse la décision qu'elle a eu à juger et renvoie alors le procès devant une juridiction de même niveau (la cour d'appel ou le conseil de prud'hommes pour les litiges inférieurs à 20 500 F).

- **Aide juridictionnelle**

Les parties peuvent obtenir l'aide juridictionnelle (frais de procédure et honoraires d'un avocat désigné pris en charge) si leurs ressources ne dépassent pas un plafond.

- **Preuve**

Les règles de la « charge de la preuve » ne sont pas les mêmes qu'en droit commun. Le juge a de plus en plus un rôle inquisitorial pour rétablir une certaine égalité entre les parties, chacune devant apporter au Conseil les éléments de preuve dont elle dispose.
Le juge peut, pour s'informer, ordonner des mesures d'instruction : renvoi devant des conseillers rapporteurs, expertise, enquête.

Voies de recours

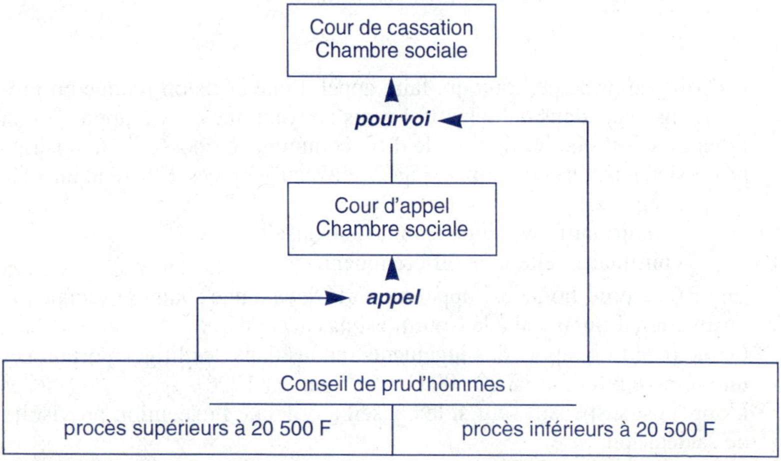

30

Les conflits collectifs du travail

Ce sont ceux qui naissent du désaccord entre employeurs et salariés sur des intérêts collectifs. Ils se manifestent principalement par la grève et le lock-out.

LA GRÈVE

C'est la cessation collective et concertée du travail, pour des motifs d'ordre professionnels (rémunération, conditions de travail, emploi, droits syndicaux...).

La grève est un instrument de lutte essentiel pour les travailleurs.

« La grève manifeste l'existence d'un conflit collectif du travail, mais ne se confond pas avec celui-ci, dont elle n'est qu'une modalité. Le conflit est une chose, les procédés de lutte (grève, occupation, lock-out) utilisés au cours d'un conflit en sont une autre » (Professeur Lyon-Caen).

• Principe : la grève est licite

Une loi de 1864 a supprimé le délit de coalition.

Ce droit a été ensuite confirmé par les Constitutions de 1946 et 1958 : « Le droit de grève s'exerce dans le cadre des lois qui le réglementent. »

Quelles sont ces lois ?

- une loi de 1963 impose un préavis de 5 jours avant le déclenchement d'une grève dans un service public ;
- différents textes interdisent le droit de grève pour certaines catégories professionnelles : militaires, personnel de l'administration pénitentiaire, de police, magistrats, CRS... ;
- certains textes imposent l'obligation d'un « service minimum » : télévision, navigation aérienne...

Il faut ajouter que les conventions collectives peuvent organiser des procédures préventives de règlement des conflits collectifs en imposant :

- le respect d'un préavis ;
- le recours préalable à une commission paritaire de conciliation.

Mais le non-respect des « clauses d'attente » n'entraîne pas de sanction (Cass. 7 juin 1995).

• *Grèves illicites ou abusives*

• Non-respect du préavis

Si le préavis n'est pas respecté, la grève est illicite.

Le juge des référés peut suspendre un préavis de grève ; la Cour de cassation en a décidé ainsi (arrêt en chambre plénière du 4 juillet 1986) quand les revendications présentent un caractère « déraisonnable » (affaire *Air Inter*).

La Cour d'appel de Paris, dans un autre arrêt (27 janvier 1988) s'est fondée sur le caractère « manifestement illicite » (art. 809 du nouveau code de procédure civile) et « la prévention d'un dommage imminent ».

• Grève abusive

La grève est abusive si elle doit entraîner la désorganisation de l'entreprise.

• But et moyens illégitimes

Grève perlée	Malgré son nom, n'est pas vraiment une grève : le travail est exécuté au ralenti.	Est parfois considérée comme illicite par les tribunaux.
Grève tournante	Qui affecte alternativement différentes catégories ou différents services au sein d'une entreprise.	Est licite, mais est parfois considérée comme illicite si elle désorganise la production.
Grève avec occupation des locaux	Elle entraîne : – la violation du droit de propriété ; – l'atteinte à la liberté du travail.	Ces atteintes peuvent être sanctionnées pénalement (articles 184 et 414 du Code pénal). Le juge des référés peut ordonner l'expulsion des grévistes avec, si besoin est, le concours de la force publique.
Débrayages répétés	Peuvent être considérés comme illicites s'ils ont pour but de désorganiser l'entreprise (Cass. 18 janvier 1995).	

Grève de solidarité	Il semble, d'après des jurisprudences constantes, que la licéité de la grève soit reconnue et particulièrement si l'employeur a agi de façon manifestement abusive à l'égard de ceux pour qui la solidarité est déclenchée.
Grève politique	Il a été reconnu qu'une grève faite dans un but manifestement politique était illicite (nombreux arrêts de la Cour de cassation pendant la guerre d'Algérie) ; les tribunaux recherchent le but principal.

• *Conséquences de la grève*

• Pour les grévistes

– Suspension du contrat de travail

- L'employeur est dispensé de verser le salaire (la perte de salaire est proportionnelle à l'interruption) ; ce non-paiement peut avoir des incidences sur le versement d'autres sommes (prime d'assiduité...).
- Il y a suspension du pouvoir disciplinaire du chef d'entreprise.
- Le salarié ne perd pas sa qualité d'assuré social.
- La période de grève n'est pas prise en compte pour le calcul des congés payés.
- Pour remplacer les salariés grévistes, l'employeur peut avoir recours à la sous-traitance, au personnel non gréviste, mais pas à des contrats de travail à durée déterminée ou des contrats de travail temporaire.

– Exceptionnellement : des sanctions

En cas de :

– de faute lourde

C'est une faute d'une particulière gravité révélant l'intention de nuire.

Ex. : incendie des locaux, entrave à la liberté du travail...

Il doit s'agir d'une faute personnelle, imputable au salarié. Cette faute lourde entraîne la rupture du contrat de travail sans préavis, ni indemnité de licenciement, ni indemnité de congés payés.

– de délit pénal

Des sanctions peuvent être prononcées s'il y a eu :

- violation du droit de propriété ;
- atteinte à la liberté du travail ou actes annexes : violences, voies de fait...

– de responsabilité civile

S'il y a eu faute et préjudice, une action peut être intentée aux fins de réparation du préjudice subi.

- Les demandeurs peuvent être :
  - l'employeur ;
  - les non-grévistes (en cas de perte de salaire).
- Les défendeurs peuvent être :
  - des grévistes, notamment les « meneurs » s'ils ont commis des fautes ; le tribunal compétent est le Conseil de prud'hommes ;
  - des organisations syndicales, si elles ont eu un rôle « d'instigateurs ou d'organisateurs » des faits illicites ; le tribunal compétent est le Conseil de prud'hommes.

• Pour les non-grévistes

L'employeur doit assurer ses obligations et notamment payer leur rémunération. Il peut cependant invoquer la force majeure (Cass. 20 octobre 1983) pour s'en dégager.

LE LOCK-OUT

> *C'est une mesure de fermeture temporaire décidée par un employeur en réponse à un conflit collectif du travail (grève ou menace de grève).*

Il n'existe pas, comme pour la grève, de « droit au lock-out » ; il n'est réglementé par aucun texte, ce sont les tribunaux (et notamment la Cour de cassation) qui sont amenés à déterminer, dans des situations concrètes, la régularité ou l'irrégularité du lock-out.

• *Le lock-out est licite*

S'il est justifié par :
- la force majeure ou une situation contraignante,
- des raisons de sécurité,
- l'inexécution par les salariés de leurs obligations.

Dans ce cas, l'employeur est dispensé de payer les salaires aux non grévistes.

• *Le lock-out est illicite*

- S'il est préventif.
- S'il constitue un moyen de rétorsion ou de pression à l'égard des grévistes.
- S'il constitue une mesure de sanction à la fin d'une grève.

Dans ce cas, l'employeur doit payer les salaires aux non-grévistes durant le lock-out.

31

Le règlement des conflits collectifs

Le Code du travail a, depuis **1936,** prévu trois procédures de règlement des conflits collectifs du travail :

- la conciliation ;
- la médiation ;
- l'arbitrage.

Elles ont été reprises par la **loi du 13 novembre 1982.**

LA CONCILIATION

Elle peut être :

- **Contractuelle**

  Lorsqu'elle est assurée en application des clauses d'une convention ou d'un accord collectif de travail.

- **Réglementaire**
  - lorsqu'il n'y a pas de procédure contractuelle
  - ou si celle-ci n'a pu fonctionner.

  La procédure réglementaire implique l'intervention d'une autorité publique :
  - le directeur départemental ou régional du travail s'il s'agit d'un conflit local ;
  - le ministre du Travail : pour un conflit national.

Une **commission de conciliation** est constituée.

Elle est saisie par :	Elle comprend :
– une des parties – le préfet – le ministre du Travail ou le directeur départemental du travail.	– des représentants de l'autorité publique – des représentants des employeurs et des salariés en nombre égal.

Effets :
- la commission invite les parties à se mettre d'accord ;
- un procès-verbal constate l'accord ou le désaccord ;
- s'il y a accord, il doit être obligatoirement exécuté.

LA MÉDIATION

• Le médiateur

- il est désigné par le ministre du Travail ou le préfet qui se saisissent spontanément ou à la demande des parties ;
- il a les plus larges pouvoirs pour recueillir toutes les informations nécessaires ;
- il propose un règlement du conflit sous forme de recommandation.

Chaque partie dépose un mémoire.

• La recommandation

- a un caractère obligatoire sauf si elle est récusée dans les 8 jours ;
- elle est motivée et doit en principe être déposée dans un délai d'un mois ;
- peut être rendue publique sur décision du ministre du Travail.

L'ARBITRAGE

• L'arbitre

- est choisi librement par les parties ;
- rend une sentence arbitrale.

• La sentence arbitrale

- a force obligatoire par son dépôt à la direction départementale du Travail ;
- est susceptible d'un recours devant la Cour supérieure d'arbitrage qui peut seule, l'annuler.

TABLEAU DE SYNTHÈSE : Les seuils d'effectifs (ou seuils sociaux)

11 salariés et plus	• **Délégués du personnel** • **Licenciement économique :** les sanctions en cas de non-respect de la procédure sont différentes. • Obligations pour l'employeur de libérer ses salariés, conseillers prud'homaux, pour l'exercice de leurs fonctions. • Repos compensateur : droit à un repos compensateur pour les heures supplémentaires au-delà de 42 heures. • Participation au financement de la formation professionnelle continue.
20 salariés et plus	• **Règlement intérieur :** obligatoire • Travailleurs handicapés : emploi obligatoire d'un quota de 6 %.
25 salariés et plus	• Élection des délégués du personnel : collèges distincts.
50 salariés et plus	• **Comité d'entreprise :** obligatoire. • **Section syndicale d'entreprise :** 1 délégué syndical par syndicat. • **CHSCT :** obligatoire. • Formation professionnelle continue : délibération du CE sur les problèmes de formation. • Obligation annuelle de négocier la politique de formation s'il n'y a pas d'accord de branche. • **Participation :** mise en place obligatoire. • Possibilité de mise en place d'une délégation unique du personnel.
200 salariés et plus	• Locaux médicaux et présence d'un(e) infirmier(e) obligatoires dans les entreprises industrielles. • Mise à la disposition d'un local commun pour les sections syndicales. • Commission de la formation professionnelle.
300 salariés et plus	• **CE :** informations supplémentaires (production et productivité) dans le rapport annuel. Communication des documents prévisionnels de gestion. Information chaque trimestre (et non chaque semestre) des mesures concernant l'équipement et les méthodes de production. • **Bilan social annuel :** obligatoire.
500 salariés et plus	• Locaux médicaux et présence d'un(e) infirmier(e) obligatoires. • Service social obligatoire dans certains secteurs.
1 000 salariés et plus	• 1 local syndical par section. • 2 infirmier(e)s pour toutes les entreprises. • Commission économique au sein du CE.
2 000 salariés et plus	• Délégué syndical central d'entreprise si l'entreprise a au moins 2 établissements de 50 salariés chacun. • 3 infirmier(e)s obligatoires pour tous les établissements. 4 pour les établissements industriels.

32

La Sécurité sociale

L'HISTOIRE DE LA SÉCURITÉ SOCIALE

Parallèlement à l'extension de la législation protégeant le salarié dans son travail, s'est développée l'idée que cette protection serait insuffisante si elle ne s'étendait pas plus largement aux risques « sociaux » encourus par le fait de gagner sa vie.

L'expression « sécurité sociale » est employée dans deux sens. Elle désigne :

> *L'ensemble des textes législatifs et réglementaires qui garantissent les travailleurs et leurs familles contre les risques sociaux.*
> *Les organismes chargés de la mise en application de ces textes.*

Qu'est-ce qu'un « **risque social** » ? Il s'agit de :

risques professionnels	risques humains
– accidents du travail, – maladies professionnelles.	– maladie, maternité, – vieillesse, invalidité, décès.

ils entraînent :
- une diminution des ressources ;
- une augmentation des dépenses.

Deux périodes sont à distinguer dans l'histoire de la sécurité sociale :

• Avant 1945

L'individu assume seul les risques sociaux ou bien fait appel à la charité des particuliers ou des églises, à la solidarité familiale, à la solidarité ouvrière (mutuelles) ou aux assurances privées.

Diverses institutions sont progressivement mises en place :

1930 : loi sur les assurances sociales ; les caisses sont à forme mutualiste.

1932 : loi qui rend obligatoire le versement d'un salaire plus important aux salariés chargés d'enfants (financement par des caisses de compensation) : c'est le début des allocations familiales.

• A partir de 1945

1945 : mise en place d'une organisation unique. L'objectif est d'étendre la protection à l'ensemble de la population.

1967 : refonte de l'organisation administrative et financière : séparation des différents risques.

1978 : affirmation du principe de la solidarité nationale et généralisation.

Depuis quelques années, un grave déséquilibre apparaît dans les comptes de la Sécurité sociale. Certains voudraient remettre en cause l'organisation actuelle de la protection sociale, mais les Français sont très attachés à cette institution.
Les différents gouvernements essaient néanmoins de prendre des mesures pour maîtriser les dépenses de santé et pour en modifier le mode de financement.

Fin 1995, le gouvernement a décidé de mettre en œuvre une réforme importante de la Sécurité sociale. Une loi d'habilitation du 30 décembre 1995 l'a autorisé à prendre par ordonnance des mesures visant à :

- renforcer le rôle du Parlement qui se prononcera désormais chaque année sur la définition de la politique de santé et l'évolution des recettes et des dépenses des régimes obligatoires de Sécurité sociale ;
- modifier l'organisation et le fonctionnement des caisses de Sécurité sociale (voir p. 163) ;
- mettre en place un système d'assurance maladie universelle consistant notamment à :
  - harmoniser les droits aux prestations et les efforts contributifs de toutes les catégories sociales (prélèvement des cotisations d'assurance maladie sur une assiette plus large que les seuls revenus du travail) ;
  - permettre l'accès automatique à la couverture maladie pour toute personne âgée de plus de 18 ans, résidant régulièrement en France, quelle que soit son activité ;
  - renforcer la « maîtrise médicalisée » des dépenses de santé : lutte contre le gaspillage et les abus, généralisation du carnet de santé, incitation à consulter un généraliste avant un spécialiste, mécanisme de sanctions à l'encontre des praticiens en cas de dérapage…

Le 24 avril 1996 ont été adoptées trois ordonnances :

- l'une porte sur les « mesures relatives à l'organisation de la Sécurité sociale » ;
- l'autre est relative à « la maîtrise médicalisée des dépenses de soins » (carnet de santé, feuilles de soins, contrôle médical et prise en charge…) ;
- la troisième concerne la réforme de l'hospitalisation publique et privée.

D'autres ordonnances doivent encore intervenir.

ORGANISATION ACTUELLE

Il n'existe pas, actuellement, malgré ce qui avait été prévu en 1945, de régime unique de la Sécurité sociale. Existent actuellement :

Régimes	Catégories concernées
Le régime général et les régimes annexes	– tous les salariés de l'industrie, du commerce et de l'artisanat ; – les étudiants ; – les adhérents à l'assurance personnelle
Régimes spéciaux	– fonctionnaires ; – mineurs ; – personnel de la SNCF, de l'EDF-GDF, de la RATP.
Régime agricole	– travailleurs salariés et non salariés de l'agriculture.
Régime des travailleurs indépendants	– industriels, commerçants, artisans, membres des professions libérales.

Toute personne domiciliée en France qui n'est susceptible, ni à titre personnel, ni comme ayant droit (voir p. 167), de relever d'aucun régime obligatoire d'assurance-maladie et maternité, peut souscrire une assurance volontaire.

L'étude qui suit concerne le régime général.

• Organisation administrative

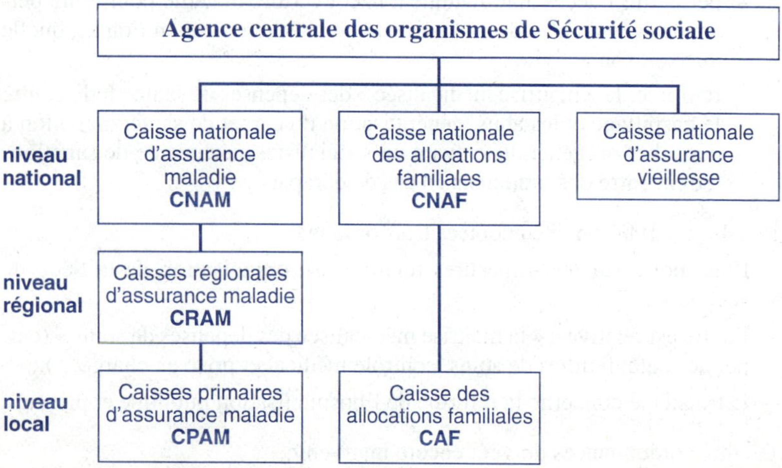

• Rôle

Caisse nationale d'assurance maladie	Caisse nationale des allocations familiales	Caisse nationale d'assurance vieillesse
• Gérer les risques : – maladie – maternité – invalidité – décès et – accidents du travail et maladies professionnelles. • Organiser et diriger le contrôle médical. • Développer la prévention des accidents du travail et maladies professionnelles.	• Gérer les prestations familiales pour l'ensemble des salariés et employeurs (sauf exploitants et salariés agricoles).	• Gérer le risque « vieillesse ». • Exercer une action sanitaire et sociale en faveur des salariés âgés.

Il faut souligner le rôle important des caisses primaires d'assurance-maladie qui sont chargées de :

- l'immatriculation des assurés sociaux ;
- du service des différentes prestations ;
- de la conclusion des conventions avec les profession médicales ;
- d'une action sanitaire et sociale.

Le recouvrement des cotisations est effectué par un seul organisme commun aux trois branches : l'**URSSAF**. (Union de recouvrement des cotisations de Sécurite sociale et d'Allocations familiales).

L'**ACOSS**. (Agence centrale des organismes de Sécurité sociale) répartit les fonds entre les trois caisses nationales.

• La gestion des caisses

A la suite des ordonnances prises au printemps 1996, elle est assurée :

- Au niveau national
  - par un directeur, nommé en Conseil des ministres, après avis du conseil d'administration ;
  - par un conseil d'administration, composé paritairement de représentants d'employeurs (13) et de représentants des organisations syndicales de salariés (13) ; un troisième collège est composé de personnalités qualifiées, nommées par le gouvernement (4) et de 3 représentants de la Fédération nationale de la Mutualité française ;
  - par un conseil de surveillance, composé de membres du Parlement et des collectivités locales ainsi que de représentants de différents organismes sociaux ; il a pour mission d'observer les évolutions et d'assurer une information permanente sur l'activité des caisses.

Des élections organisées en juin 1996 ont donné la présidence de la CNAM à la CFDT (à la place de FO qui la détenait depuis trente ans).

- Au niveau local
  - par un directeur, nommé par le directeur de la caisse nationale, après avis du conseil d'administration ;
  - par un conseil d'administration composé sensiblement de la même façon que celui des caisses nationales.

- **La concertation entre l'État et les caisses**

Un partenariat plus étroit a été mis en place ; dès 1997, des conventions pluriannuelles (3 ans au moins) d'objectifs et de gestion seront conclues entre l'État et les différentes caisses ; elles viseront à fixer l'objectif d'évolution des dépenses maladie déterminé par la loi de financement votée par le Parlement, et de déterminer les engagements réciproques de l'État et des caisses.

• *Organisation financière*

- Le financement de la Sécurité sociale est assuré par les cotisations obligatoires versées par les employeurs et les salariés.
- La base du calcul (= l'assiette) est le salaire :

sont comprises :	sont exclues :
– toutes les sommes versées en contrepartie ou à l'occasion du travail.	certaines sommes telles que : – les indemnités de transport, les titres restaurant… ; – les prestations familiales…

- Certaines sommes sont prélevées sur la totalité du salaire (cotisations « déplafonnées »).
- D'autres sont prises sur le salaire tant que celui-ci n'atteint pas un certain montant : cette limite supérieure s'appelle le « plafond » ; il est fixé par décret et modifié deux fois par an (plafond de la Sécurité sociale au 1er juillet 1996 : 13 540 F par mois).

Une réforme du mode de financement de la Sécurité sociale est attendue (1) ; le gouvernement mis en place en novembre 1995 semble vouloir distinguer le système de l'assurance et celui de la solidarité : un fonds de solidarité, alimenté par des recettes fiscales, prendrait en charge certaines dépenses ; le financement des hôpitaux serait également modifié.

---

(1) Le « trou » du déficit cumulé du régime général atteindra 120 milliards de francs à la fin de 1995 ; depuis 1979, il y eut un plan de redressement tous les 18 mois.

Taux des cotisations (au 1er janvier 1996)

	Totalité du salaire		Salaire plafonné	
	Employeur	Salarié	Employeur	Salarié
Assurance-maladie	12,80 %	6,80 %		
Assurance-vieillesse	1,60 %		8,20 %	6,55 %
CSG (1)	Prélevée au taux de 2,4 % sur le salaire brut.			
CRDS (2)	Prélevée au taux de 0,5 %.			
Assurance veuvage		0,10 %		
Allocations familiales	De 2,70 % à 5,40 % selon le montant du salaire (3).			
Accident du travail			Taux variable selon les entreprises.	

Une remise forfaitaire de 42 F par mois est déduite des cotisations salariales d'assurance vieillesse ; elle doit figurer sur le bulletin de paie.

- C'est l'employeur qui est responsable du versement de l'ensemble des cotisations.
- La part qui incombe au salarié est prélevée par l'employeur sur le montant brut des rémunérations.

• *Affiliation et immatriculation*

Tout salarié français ou étranger, est assujetti à la Sécurité sociale. Pour percevoir les prestations, deux opérations administratives préalables sont nécessaires.

• L'immatriculation

C'est l'opération administrative par laquelle une personne est inscrite pour la première fois à la Sécurité sociale.

(1) CSG. : contribution sociale généralisée ; est entrée en application le 1er février 1991.
(2) CRDS : contribution au remboursement de la dette sociale, instituée pour 13 ans, depuis le 1er février 1996.
(3) Salaire inférieur ou égal à 1,1 du SMIC : pas de cotisation.

– Elle doit être faite par l'employeur dans les 8 jours de l'embauche.
– Chaque assuré se voit remettre une carte d'immatriculation comportant notamment un **n° national d'identification à 13 chiffres** :

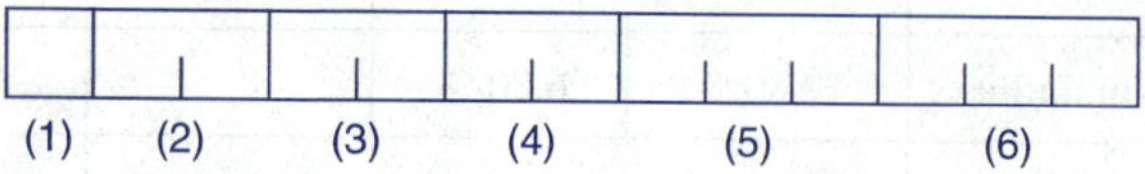

(1) – sexe
(2) – année de naissance
(3) – mois de naissance
(4) – département de naissance
(5) – commune de naissance
(6) – n° du registre des naissances.

A la suite de ces nombres figure un numéro de code indiquant le régime d'assurance auquel est affilié le salarié.

- **L'affiliation**

C'est le rattachement d'une personne à une caisse de Sécurité sociale, c'est en principe, la caisse primaire de la circonscription dans laquelle l'assuré a sa résidence habituelle.

LE CONTENTIEUX DE LA SÉCURITÉ SOCIALE

Les litiges entre assurés sociaux et les caisses de Sécurité sociale peuvent relever de deux types de contentieux :
– un contentieux **général :** litiges relatifs à l'affiliation, aux cotisations, aux prestations (droits, montant)…
– un contentieux **technique :** litiges relatifs au classement dans une catégorie d'invalidité, au taux d'incapacité…

Procédures

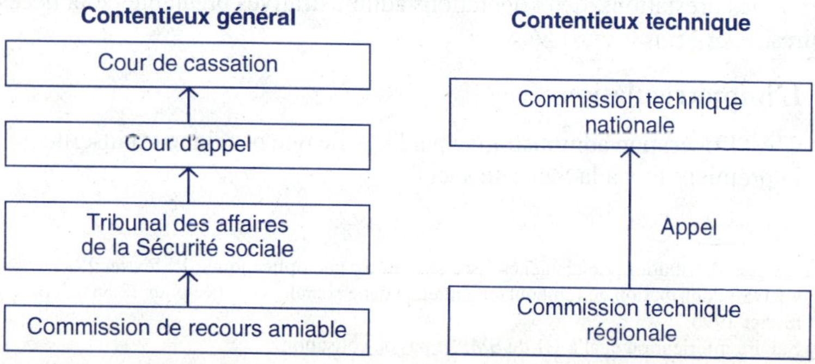

LE VOCABULAIRE DE LA SÉCURITÉ SOCIALE

Affiliation : voir p. 166.

Assuré : salarié qui est immatriculé personnellement et à qui sont retenues les cotisations.

Ayants droit : membres de la famille qui, dans certains cas, ont droit au bénéfice des prestations. Ce sont :

- le conjoint, non divorcé et le concubin (concubinage notoire depuis 1 an) à condition qu'il ne soit pas lui-même assuré social à un titre quelconque ;
- les enfants à charge :
  jusqu'à 16 ans = enfants scolarisés,
  17 ans = s'ils sont à la recherche d'un emploi,
  18 ans = apprentis,
  20 ans = étudiants, infirmes ;
- les membres de la famille (ascendant, descendant, collatéral ou allié jusqu'au 3e degré) et s'occupant de deux enfants de moins de 14 ans. Ils conservent ce droit même si leur état de santé ou leur hospitalisation leur interdit de se consacrer à ces occupations.

Les personnes qui cessent de remplir les conditions pour relever du régime d'assurance-maladie, soit à titre personnel, soit en qualité d'ayant droit, conservent le bénéfice des prestations pendant le délai d'un an.

Conventionnement : accord passé entre les caisses de Securité sociale et les syndicats médicaux en vue d'appliquer, pour chaque acte médical, un tarif uniforme : le tarif conventionnel. Si le médecin ou l'établissement n'est pas conventionné, les honoraires sont libres ; l'assuré est remboursé sur la base d'un tarif d'autorité, très inférieur au tarif conventionnel.

Délai de carence : ce sont les trois premiers jours de maladie pendant lesquels les prestations en espèces ne sont pas versées.

Entente préalable : pour certains soins (prothèses, maisons de repos…) il faut obtenir au préalable l'accord de la caisse.

Immatriculation : voir p. 165.

Prestations en nature : partie des frais de traitement (actes médicaux, dépenses pharmaceutiques, soins, appareillages) remboursés à l'assuré ou à ses ayants droit. Bien entendu, il s'agit de versements en « espèces » !

Prestations en espèces : indemnités journalières, pensions ou rentes versées à l'assuré pour compenser la diminution ou la perte de salaire.

Tarif de responsabilité : correspond au maximum de remboursement que peut opérer un organisme de Sécurité sociale pour un acte médical ou chirurgical.

Ticket modérateur : part des frais médicaux restant à la charge de l'assuré, c'est-à-dire non remboursés par la Sécurité sociale et éventuellement par une mutuelle.

Exemples. : Honoraires des praticiens : 30 %
Analyses et examens de laboratoire : 40 %

Tiers payant : système qui permet à l'assuré de ne payer que la partie des frais non remboursés par la Sécurité sociale. L'autre partie est réglée directement par la Caisse primaire d'assurance-maladie.

LES DIFFÉRENTES PRESTATIONS

L'assurance-maladie

Bénéficiaires	– L'assuré. – Les ayants droit.
Conditions d'octroi	• Pour recevoir les **prestations en nature :** – avoir travaillé 1 200 heures au cours de l'année civile ou avoir cotisé pour une rémunération au moins égale à 2 030 fois le SMIC horaire. Le droit aux prestations est assuré pendant 2 ans. – ou avoir travaillé : – 120 heures pendant le trimestre ; – ou 60 heures dans le mois. • Pour recevoir les **prestations en espèces :** Maladie de **courte durée** (moins de 6 mois) : – avoir travaillé au moins 200 heures au cours du trimestre ; – ou avoir cotisé pour une rémunération au moins égale à 1 015 fois le SMIC horaire au cours des 6 derniers mois. Maladie de **longue durée :** – être immatriculé depuis au moins 12 mois précédant l'arrêt de travail ; – et justifier d'au moins 800 heures de travail au cours des 12 mois précédant l'interruption, dont 200 heures au cours des 3 premiers mois de cette période ; – ou avoir cotisé sur la base d'une rémunération au moins égale à 2 030 fois le SMIC horaire, dont au moins 1 015 fois le SMIC au cours des 6 premiers mois.
Formalités	Le médecin établit une feuille de soins. Les vignettes des médicaments doivent être apposées (certains soins donnent lieu à une demande d'entente préalable). En cas d'arrêt de travail : l'avis délivré par le médecin doit être adressé à la Caisse dans les 2 jours.

Prestations	• ***En nature*** Remboursement des frais : de médecine, dentaires, pharmaceutiques, analyses, appareillages, hospitalisation, réadaptation fonctionnelle, interventions chirurgicales transport, IVG… Montant du ticket modérateur (part restant à la charge de l'assuré) : – 20 % : frais d'hospitalisation + forfait journalier : 70 F ; – 30 % : frais d'honoraires ; – 40 % : analyses, honoraires des auxiliaires médicaux ; – 65 % : médicaments à vignette bleue (dits « de confort »). Le ticket modérateur est supprimé pour : – 30 maladies figurant sur une liste établie par décret (affections longues et coûteuses [(1)]) ; – les médicaments indispensables et coûteux ; – une hospitalisation de plus de 30 jours ; – tout acte supérieur à un coefficient égal à 50 (K 50 = ablation de l'appendice) ; – certaines personnes : titulaires de pension d'invalidité, d'accidents du travail… – Les frais d'analyses ou d'examens de laboratoire relatifs au dépistage du virus du SIDA ou du virus de l'hépatite C. On constate la baisse régulière des taux de remboursement depuis plusieurs années. • ***En espèces*** Il s'agit des indemnités journalières versées à partir du 4ᵉ jour (délai de carence). Elles sont égales à la moitié du gain journalier de base. Majoration d'un tiers pour les assurés ayant au moins 3 enfants à charge. A partir du 31ᵉ jour l'indemnité est portée aux 2/3 pour les assurés ayant au moins 3 enfants à charge.

• *L'assurance-vieillesse*

Depuis le 1er janvier 1994, les modalités de calcul des pensions de retraite sont modifiées. Les conditions de départ en retraite vont être « durcies » progressivement ; au 1er janvier 1996, elles sont les suivantes :

(1) Une prise en charge à 100 % peut être accordée sur demande, par le contrôle médical, même si la maladie ne figure pas sur la liste des 30 maladies.

Bénéficiaires	Assuré social
Conditions d'octroi	Être âgé de 60 ans ; avoir cotisé pendant 37 ans 1/2 ou 151 trimestres.
Formalités à accomplir	Demande à formuler à la caisse régionale d'assurance maladie.
Prestations	***En nature :*** même prestations que celles de l'assurance maladie. ***En espèces :*** pension égale à 50 % du salaire moyen revalorisé des 11 meilleures années de la carrière de l'assuré ; elle est diminuée si l'assuré ne totalise pas assez de trimestres de cotisations ; elle est majorée : pour conjoint à charge et si l'assuré a élevé 3 enfants ; montant maximum : 79 980 F par an pour 37,5 années d'assurance.

En 2003, la durée d'activité nécessaire pour obtenir une pension de retraite à taux plein sera de 160 trimestres (40 années) et le calcul sur les 25 meilleures années sera généralisé en 2008.

• Pension proportionnelle

Si l'assuré a cotisé pour une durée inférieure à 151 trimestres, la pension est minorée. On calcule le nombre de trimestres manquant soit par rapport à l'âge de 60 ans, soit par rapport à 151 trimestres.

Le calcul le plus avantageux est retenu ; la minoration est de 1,25 % par trimestre manquant.

• Allocations vieillesse

Quand les ressources obtenues par la pension de vieillesse sont insuffisantes, elles sont complétées par différentes allocations.

	Allocation aux vieux travailleurs salariés (AVTS)	**Allocation supplémentaire du Fonds national de solidarité (FNS)**
Conditions	– Être âgé d'au-moins 65 ans ; – 15 années de salariat (après 50 ans) – ou 25 années.	Être bénéficiaire d'un avantage vieillesse ou d'une pension d'invalidité.
Rôle	Compléter la pension vieillesse.	Assurer aux travailleurs âgés un minimum de ressources.
Taux	Au 1er janvier 1996 : 16 943 F par an (majoration de 10 % pour avoir eu ou élevé 3 enfants).	– au 1er janvier 1996 (y compris la pension de retraite) : pour 1 personne : 23 764 F

Il existe donc un « minimum vieillesse » annuel de

16 943 F + 23 764 F = 40 707 F pour une personne seule.

(Le montant est de 73 028 F pour deux époux.)

Le ministère de la Solidarité entre les générations, mis en place en mai 1995, a pour objet la création d'une allocation pour les personnes âgées dépendantes.

• Les régimes complémentaires de retraite

Depuis une loi de 1972, les salariés doivent obligatoirement être affiliés à un régime de retraite complémentaire.
Les caisses de retraite sont financées par les cotisations des employeurs et des salariés.
Le montant de la retraite complémentaire est déterminé par le nombre de points acquis par le salarié pendant son activité professionnelle. La valeur du point est fixée chaque année ; elle varie selon les caisses.

Les caisses de retraite sont nombreuses. On distingue **deux systèmes :**

- le **régime des cadres,** qui comprend environ 60 organismes regroupés au sein de l'AGIRC (Association générale des institutions de retraite des cadres) ;
- le **régime des salariés non cadres.** Il existe environ 43 régimes regroupés au sein de l'ARRCO (Association des régimes de retraites complémentaires).

• *L'assurance-maternité*

Bénéficiaires	• La femme assurée sociale. • L'épouse d'un assuré social. • Les filles à charge de l'assuré social.
Conditions	• Durée d'emploi : l'assuré doit avoir travaillé la même durée minimale que pour l'assurance maladie. • Durée d'immatriculation : 10 mois avant la date présumée de l'accouchement.
Formalités d'octroi	• Déclaration de grossesse dans les 15 premières semaines. • Examens médicaux obligatoires (1) : – avant la fin du 3e mois de grossesse ; – au cours du 6e mois ; – dans la première quinzaine du 8e mois ; – dans la première quinzaine du 9e mois. (après l'accouchement : examen postnatal obligatoire dans les 8 semaines).

(1) Sanction : il faut en justifier pour percevoir les allocations (p. 185).

Prestations	• En nature : – frais médicaux, d'hospitalisation, d'accouchement : remboursés à 100 % ; – médicaments : avec ticket modérateur. • En espèces : une indemnité journalière de repos est versée pendant le congé maternité. Elle est égale à 84 % du gain journalier de base (calculé sur les gains des 3 mois précédant l'arrêt de travail, dans la limite du plafond de la Sécurite sociale). • La durée du congé de maternité est de : – 16 semaines dont 6 avant l'accouchement et 10 après ; – 18 semaines après l'accouchement et 8 semaines avant pour un 3e enfant ; – 12 semaines de repos postnatal, en cas de naissances multiples.

• *L'assurance-décès*

Bénéficiaires	Les ayants droit qui étaient au jour du décès à la charge de l'assuré.
Conditions d'octroi	L'assuré doit avoir occupé un emploi salarié (même durée que pour l'assurance maladie) ; les ressources des ayants droit ne doivent pas dépasser un certain plafond.
Formalités à accomplir	Demande à formuler dans un délai de 1 mois après le décès.
Prestations	Versement d'un capital décès = 90 fois le gain journalier du défunt (avec un minimum et un plafond).

• *La pension de réversion*

Bénéficiaire	Le conjoint survivant de l'assuré.
Conditions d'octroi	Le conjoint doit avoir au moins 55 ans ; son mariage avec l'assuré doit être intervenu depuis au moins 2 ans ; il doit justifier de ressources inférieures au SMIC.
Formalités à accomplir	Demande à formuler à la caisse primaire.
Prestations	La pension est égale à 54 % de celle dont bénéficiait l'assuré. Montant minimum au 1er janvier 1996 : 16 942,92 F.

• L'assurance-veuvage

Bénéficiaire	Le conjoint survivant de l'assuré.
Conditions d'octroi	– Le conjoint doit avoir moins de 55 ans ; – ne pas être remarié ; – ne pas dépasser un certain plafond de ressources ; – élever ou avoir élevé un enfant de moins de 16 ans pendant au moins 9 ans.
Formalités à accomplir	Demande à formuler à la caisse primaire dans un délai de 3 ans, à compter du premier jour du mois du décès.
Prestations	C'est une allocation temporaire et dégressive ; elle est versée pendant 3 ans.

• L'assurance-invalidité

Bénéficiaire	L'assuré qui subit de manière durable une réduction d'au moins 2/3 de sa capacité de travail ou de gain.
Conditions d'octroi	Immatriculation : 12 mois ; emploi : 800 heures au cours des 4 trimestres précédents dont 200 heures au cours du Ier de ces trimestres ; âge : moins de 60 ans.
Formalités à accomplir	Demande de pension d'invalidité dans les 12 mois suivant la date de constatation médicale de l'invalidité. La caisse d'assurance-maladie détermine la catégorie d'invalidité.
Prestations	• ***En nature :*** mêmes prestations que pour l'assurance-maladie : – sans ticket modérateur pour l'assuré, – avec ticket modérateur pour les ayants droit. • ***En espèces :*** versement d'une rente dont le taux varie selon le degré d'invalidité. Trois catégories : 1 : capacité de travail réduite mais non totale, 2 : incapacité totale de travailler, 3 : incapacité totale de travailler et obligation d'être assisté par un tiers pour les besoins de la vie courante. La pension peut être : – diminuée en cas d'amélioration, – augmentée en cas d'aggravation.

- **Montant de la pension**
  - pour la catégorie 1 (capacité réduite) : 30 % du plafond de la Sécurité sociale ;
  - pour la catégorie 2 (incapacité totale) : 50 % du plafond de la Sécurité sociale ;
  - pour la catégorie 3 (tierce personne) : 50 % du plafond de la Sécurité sociale + majoration de 40 %.

Pension minimale d'invalidité pour l'invalide incapable de travailler : 16 943 F par an au 1er janvier 1996.

- **Avantages complémentaires**
  - couverture sociale gratuite (pas de ticket modérateur) ;
  - possibilités de reclassement, de rééducation professionnelle.

33

Les accidents du travail et les maladies professionnelles

LES ACCIDENTS DU TRAVAIL

• *Définitions*

• **L'accident de travail**

> *Est considéré comme accident du travail, quelle qu'en soit la cause, l'accident survenu par le fait ou à l'occasion du travail.*

Par le fait du travail

A l'occasion du travail

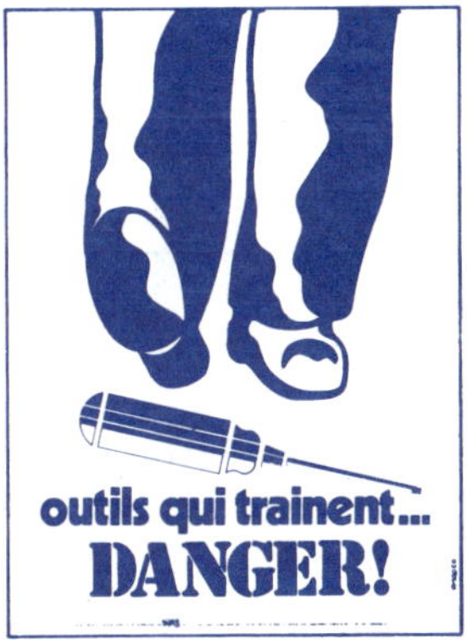

La jurisprudence établit une double présomption :

- tout accident survenu **au temps et au lieu du travail** est présumé être un accident du travail ;
- le salarié est considéré comme se trouvant au temps et au lieu de son travail lorsqu'il est placé sous la subordination de son employeur, c'est-à-dire soumis à son autorité.

Sont des accidents du travail :

- l'accident survenu :
  - pendant la pause de midi dans une cantine à l'intérieur de l'entreprise ;
  - pendant un essai professionnel rémunéré préalable à l'embauchage.

Ne sont pas des accidents du travail :

- l'accident survenu à un salarié pendant une grève ;
- l'accident qui se produit dans l'entreprise mais qui est causé par une activité personnelle de la victime, étrangère à ses activités professionnelles

  Ex. : rixe ayant pour origine des divergences politiques.

• L'accident de trajet

Il est considéré comme un accident du travail s'il survient sur l'un des trajets :

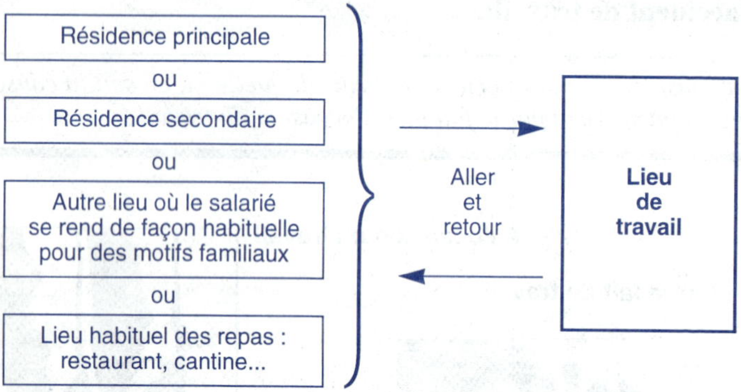

Le salarié ne bénéficiera pas de la législation s'il s'écarte du trajet normal. Il en bénéficiera si l'interruption du trajet ou le détour est motivé par des nécessités essentielles de la vie courante ou s'il est en rapport avec son activité professionnelle.

La jurisprudence tient compte également du temps normalement nécessaire à l'accomplissement du trajet en fonction des horaires de travail.

• *Formalités à accomplir en cas d'accident du travail*

• Déclaration

- Par **la victime :** elle doit, sauf cas de force majeure, déclarer l'accident à son employeur dans un délai de 24 heures ;
  l'employeur remet à la victime une feuille d'accident comportant 3 volets.

Accident du travail : formalités à accomplir

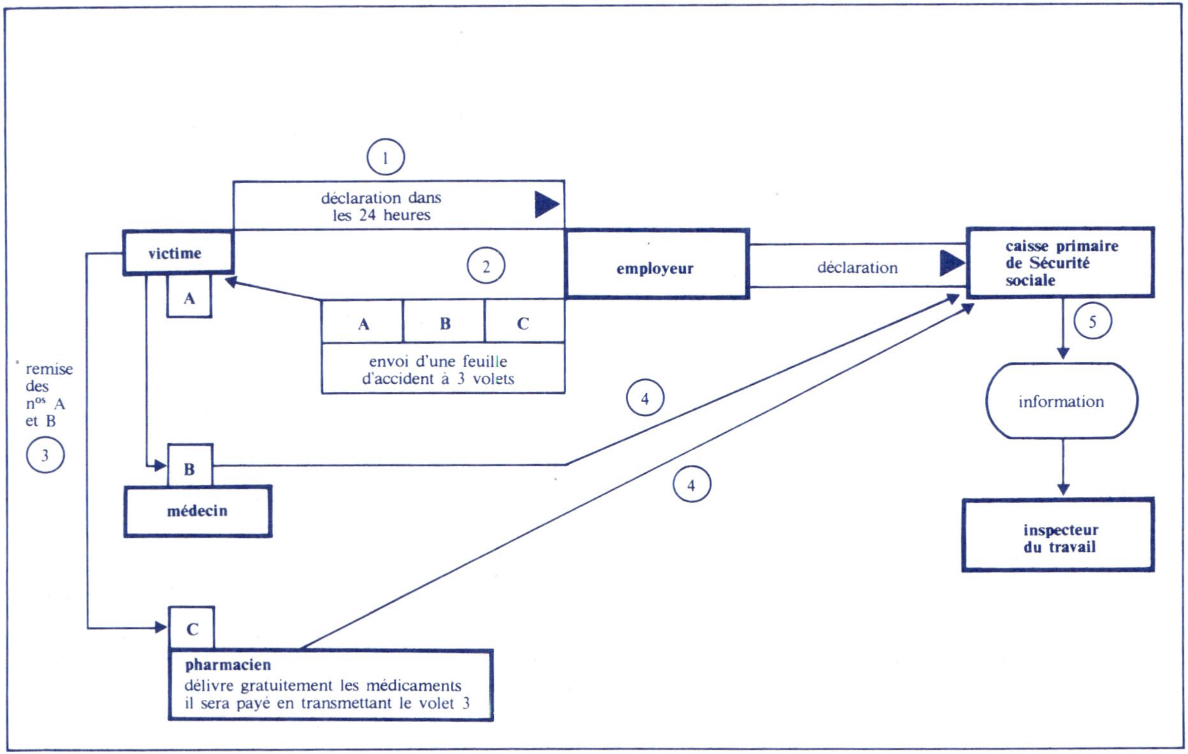

– Par **l'employeur :** il doit déclarer tout accident dont il a eu connaissance dans un délai de 48 heures à la caisse primaire de Sécurité sociale par lettre recommandée.

La caisse informe l'inspecteur du travail.
L'action en demande de prestations est prescrite après 2 ans.

- **Constatation médicale de l'accident**

Le médecin, librement choisi par la victime, établit un certificat médical en 2 exemplaires qui doit mentionner : l'état de la victime, les suites probables de l'accident, la durée prévisible de l'incapacité temporaire (temps entre l'accident et la consolidation).

- **L'enquête**

Elle est obligatoirement demandée par la caisse d'assurance-maladie :
– si la victime est décédée ;
– s'il y a risque d'incapacité permanente totale.

L'enquête légale est effectuée par un agent assermenté par le Ministre chargé de la Sécurité sociale.

• *Les prestations*

L'incapacité temporaire :
le salarié interrompt un certain temps son travail.

L'incapacité permanente :
la capacité physique ou professionnelle du salarié est réduite définitivement Elle peut être totale ou partielle.

- **Incapacité temporaire**

Prestations en nature :

– la règle est la gratuité des soins (il n'y a pas de ticket modérateur) ;
– la caisse règle directement les différents praticiens, selon le principe du tiers payant ;
– la caisse couvre également les frais d'hospitalisation, d'appareillage, de réadaptation ou de rééducation professionnelle.

Prestations en espèces :

- le salaire du jour de l'accident est payé par l'employeur ;
- dès le lendemain de l'accident, le salarié perçoit les indemnités journalières qui s'élèvent à :
  – 60 % du salaire de base pendant les 28 premiers jours,
  – 80 % à partir du 29e jour ;
- les indemnités journalières sont dues pour tous les jours, ouvrables ou non.

- **Incapacité permanente**

Le salarié perçoit une rente d'incapacité qui est versée à partir d'une date appelée date de consolidation.

- Avant la consolidation : le salarié est en incapacité temporaire.
- Consolidation : c'est la constatation selon laquelle l'état de la victime se stabilise et ne permet plus d'envisager un traitement. Il est possible alors d'apprécier un certain degré d'incapacité permanente.

La date de consolidation est fixée par la caisse primaire sur avis du médecin de la Caisse.

Le salarié est soumis au contrôle du médecin conseil de la Caisse.
En cas de contestation, le tribunal des affaires de Sécurité sociale est compétent.

La rente d'incapacité :

Elle est fonction :

- du salaire perçu par la victime pendant l'année précédente ;
- du taux d'incapacité (voir mode de calcul p. 182).

La rente est majorée de 40 % en cas d'incapacité totale nécessitant l'assistance d'une tierce personne.

La rente peut être révisée :

- augmentée si l'état de la victime s'aggrave ;
- diminuée si l'état de la victime s'améliore ;
- si le taux est inférieur à 10 %, c'est un capital qui est versé.

- **La faute inexcusable**

Elle consiste en un acte ou une abstention très grave, voire volontaire, dont l'auteur de l'acte devrait être conscient.

- Si elle émane de la victime : la rente sera réduite.
- Si elle provient de l'employeur ou de ses représentants : la rente sera majorée. La majoration est supportée par l'employeur sous forme d'une cotisation supplémentaire au titre des accidents du travail. S'il y a litige sur cette majoration, le tribunal compétent est le tribunal des affaires de Sécurité sociale.

Exemple de faute inexcusable : faire exécuter un travail dangereux (par exemple en hauteur) sans avoir donné au salarié le matériel de protection nécessaire.

LES MALADIES PROFESSIONNELLES

Ce sont des maladies dont l'apparition est due à la nature des travaux professionnels exercés. Elles sont inscrites et définies avec précision (voir exemple page suivante).

Extraits du tableau des maladies professionnelles

N° 30 – AFFECTATIONS PROFESSIONNELLES PROVOQUÉES PAR LES POUSSIÈRES D'AMIANTE

Délai de prise en charge : 5 ans

(sous réserve des dispositions du décret N° 57-1176 du 17 octobre 1957 modifié fixant les modalités d'application du Livre IV du Code de la Sécurité sociale à la silicose, à l'asbestose et à la sidérose professionnelles)

DÉSIGNATION DES MALADIES	LISTE INDICATIVE des principaux travaux susceptibles de provoquer ces maladies
Asbestose : fibrose broncho-pulmonaire ou manifestations pleurales consécutives à l'inhalation de poussières d'amiante, lorsqu'il y a des signes radiographiques avec troubles fonctionnels respiratoires. **Complication :** insuffisance respiratoire aiguë ; pleurésie exsudative ; cancer broncho-pulmonaire ; insuffisance ventriculaire droite. **Mésothélium primitif,** pleural, péricardique et péritonéal.	**Travaux exposant à l'inhalation de poussières d'amiante,** notamment : Extraction, manipulation et traitement de minerais et roches amiantifères. Manipulation et utilisation de l'amiante brut, à sec, dans les opérations de fabrication suivantes : Amiante-ciment ; Cardage, filature et tissage d'amiante ; Carton, papier et feutre d'amiante ; Feuilles en amiante et caoutchouc comprimé pour joints ; Garniture de friction ; Produits moulés et isolants. Application, destruction et élimination de produits d'amiante ou à base d'amiante ; Amiante projeté ; Calorifugeage au moyen de produit d'amiante.

La **loi du 27 janvier 1993** prévoit 3 modes de reconnaissance d'une maladie professionnelle :

– la reconnaissance fondée sur la présomption d'origine professionnelle de toute maladie désignée dans un tableau (voir ci-dessus) et contractée dans des conditions mentionnées dans ce tableau ; il existe actuellement environ 90 maladies reconnues ;

– la possibilité de reconnaissance d'une maladie désignée dans un tableau mais dont la victime ne remplit pas une ou plusieurs conditions expressément prévues, si la victime peut établir un lien direct entre la maladie et son travail habituel ;

– la reconnaissance de maladie « hors tableaux », si la maladie est directement et essentiellement causée par le travail habituel de la victime et qu'elle a entraîné son décès ou une incapacité permanente d'au moins 66,66 %.

Pour ces deux derniers cas, la décision est prise par la Caisse primaire d'assurance maladie, après avis d'un Comité régional de reconnaissance des maladies professionnelles.

• *Formalités à accomplir*

Le médecin choisi par le malade établit un certificat mentionnant : la nature de la maladie ; les manifestations (correspondant à celles qui sont mentionnées au tableau) ; les suites probables.

Le malade doit faire la déclaration à la caisse primaire dans les 15 jours.

L'action est prescrite après 2 ans.

• *Prestations*

Elles sont les mêmes que pour un accident du travail.

MODE DE CALCUL DES RENTES ACCIDENTS DU TRAVAIL, MALADIES PROFESSIONNELLES

• *Prise en compte du salaire*

Le salaire réel de l'accidenté ou du malade n'est pas pris en compte intégralement.

Le 1er juillet de chaque année, un **salaire minimum** est fixé.

Le salaire annuel réel de l'accidenté est divisé en trois tranches :

1re tranche jusqu'à 2 fois le salaire minimum	2e tranche jusqu'à 8 fois le salaire minimum	3e tranche
le salaire réel est pris en compte intégralement	1/3 du salaire réel pris en compte	non retenue

• *Le taux d'incapacité est également corrigé*

Le taux d'incapacité est tout d'abord fixé par une expertise médicale. Il est ensuite corrigé :

– si le taux retenu par le médecin expert est inférieur à 50 % : il sera divisé en 2 pour obtenir le taux corrigé.

Ex. : 40 % (taux médical) deviendra 20 % (taux de calcul) ;

– si le taux retenu par le médecin expert est supérieur à 50 % : le taux de calcul s'établit de la manière suivante :

Taux médical	Mode de calcul	Taux de calcul × %
60 %	$\frac{50\ \%}{2} = 25\ \% + (10 \times 1{,}5) =$	40 %
70 %	$\frac{50\ \%}{2} = 25\ \% + (20 \times 1{,}5) =$	55 %
80 %	$\frac{50\ \%}{2} = 25\ \% + (30 \times 1{,}5) =$	70 %
90 %	$\frac{50\ \%}{2} = 25\ \% + (40 \times 1{,}5) =$	85 %
100 %	$\frac{50\ \%}{2} = 25\ \% + (50 \times 1{,}5) =$	100 %

• *Calcul de la rente*

Le montant de la rente est calculé en pourcentage du salaire ; ce pourcentage est déterminé en fonction du taux d'incapacité.

Salaire corrigé × taux de calcul (S. corrigé × *x* %)

Majoration pour tierce personne : minimum annuel 66 362,37 F au 1er janvier 1996.

Conversion en capital : – obligatoire si le taux est inférieur à 10 % ;
– facultative, dans les autres cas, après 5 ans.

Ouverture des droits

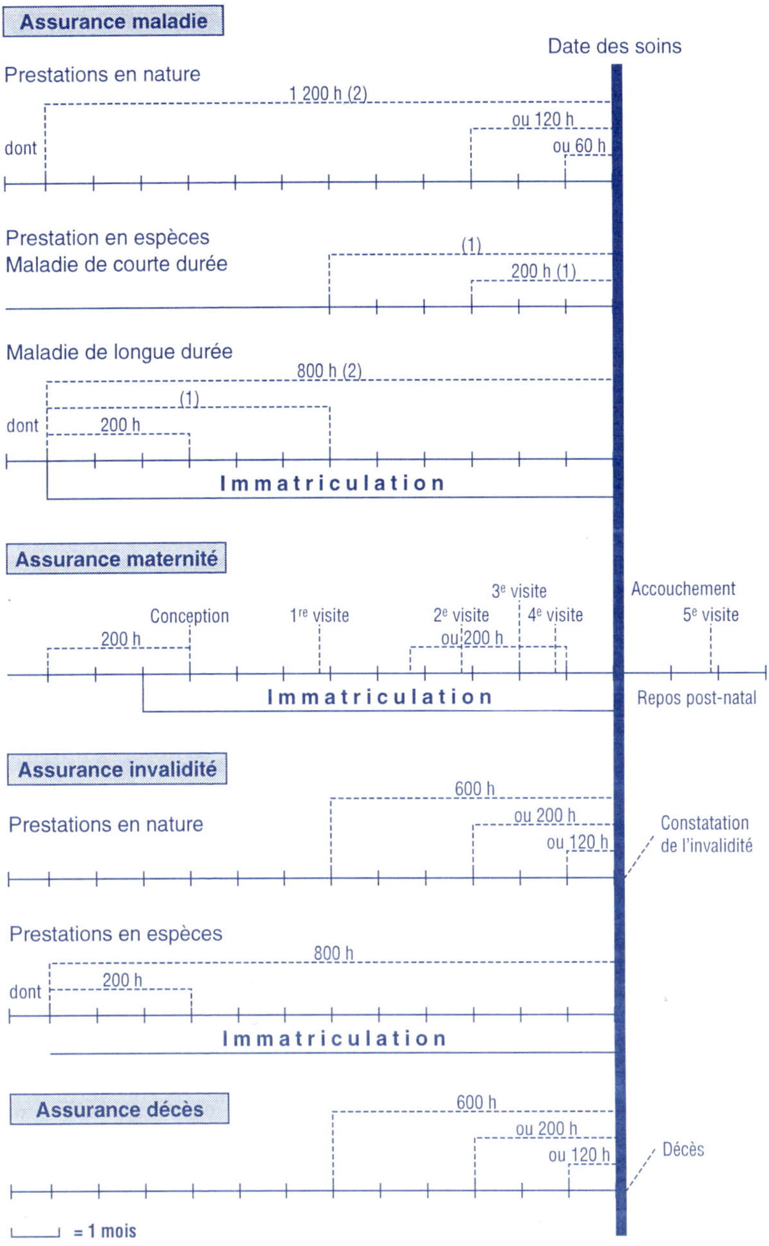

(1) Ou avoir cotisé sur une base au moins égale à 1 015 fois le SMIC horaire.
(2) Ou avoir cotisé sur une base de 2 030 fois le SMIC horaire.

34

Les prestations familiales

Elles visent un double but :

- aider les familles qui ont des enfants et, par conséquent, plus de charges (on parle quelquefois de « sursalaire ») ;
- favoriser les naissances dans le cadre d'une politique démographique.

Néanmoins, les prestations familiales sont de plus en plus souvent soumises à un plafond de ressources, ce qui paraît contraire au but initial.

HISTORIQUE

- Au **XIXe siècle** déjà, certains employeurs avaient pris l'initiative d'attribuer un supplément de salaire à leurs salariés chargés de famille, dans le but d'atténuer leurs charges.
- En **1932,** une loi institue et rend obligatoire les allocations familiales pour tous les salariés des professions industrielles, commerciales, agricoles ou libérales.
- Depuis cette date, différentes modifications sont intervenues ; récemment, une loi du 4 janvier **1985** modifie la liste des prestations familiales :
  - création de l'allocation parentale d'éducation ;
  - remplacement des allocations pré et postnatales par l'allocation au jeune enfant.
- Une loi du 25 juillet **1994,** relative à la famille, a créé deux nouvelles prestations (voir p. 186).

CONDITIONS D'ATTRIBUTION

Chaque allocation a son propre régime ; cependant, on peut retenir deux conditions essentielles de versement communes à toutes :

- **Avoir des enfants à charge**

  qu'ils soient légitimes ou naturels, recueillis ou adoptés.

---

(1) En cas de séparation de fait, divorce ou abandon, l'allocataire est la personne au foyer duquel vit l'enfant.

- **Résider en France**
  - cette condition est valable pour l'allocataire[1] ;
  - en ce qui concerne les enfants à charge, le principe demeure mais pour les salariés de la CEE certaines allocations du pays de travail peuvent être versées aux enfants résidant dans le pays d'origine[2].

LES DIFFÉRENTES ALLOCATIONS

• *Allocations générales d'aide aux familles*

Appellation	Minimum de ressources	Nombre d'enfants	Conditions particulières	Montant
Allocations familiales		Au moins 2 enfants à charge de moins de 16 ans ou de moins de 20 ans pour les étudiants, apprentis et handicapés.		32 % de la base mensuelle[3] pour 2 enfants, soit 665 F. + 41 % pour chacun des enfants suivants : 1 518 F pour 3 enfants...
Allocations pour jeune enfant (remplace les allocations pré et postnatales)			Subir les examens médicaux obligatoires (voir p. 171).	Au 1er janvier 1996 : 955 F/mois, versée à partir du quatrième mois de la grossesse et pendant 9 mois.
	Ne pas dépasser un plafond de ressources.			Prolongation jusqu'à ce que l'enfant ait 3 ans.
Allocation de rentrée scolaire	Plafond de ressources.	Tout écolier entre 6 et 18 ans.	Percevoir l'une des prestations familiales.	20 % de la base mensuelle[4].

(1) Allocataire : personne à laquelle le droit aux prestations familiales est reconnu.

(2) Accord signé entre les ministres des Affaires sociales des douze pays membres de la CEE.

(3) Les allocations familiales sont calculées à partir d'un montant de référence appelé **base mensuelle.** Ce montant est fixé par décret et revalorisé tous les ans.
Au 1er janvier 1996, la base mensuelle (b.m.) est de 2 078,97 F.

(4) Versé en une fois, au moment de la rentrée scolaire.

Appellation	Minimum de ressources	Nombre d'enfants	Conditions particulières	Montant
Allocations de garde d'enfants à domicile (AGED)	Minimum de ressources.	1 enfant de moins de 3 ans (ou de moins de 6 ans).	Parents ayant une activité professionnelle ou bénéficiant de l'assurance vieillesse.	Égal au montant des cotisations acquittées dans la limite de 11 838 F par trimestre.
Aide à la famille pour l'emploi d'une assistante maternelle agréée		1 enfant de moins de 6 ans.	Enfant confié à une assistante maternelle agréée par la DDASS.	Égal au montant des cotisations sociales acquittées
Allocation d'adoption (loi du 25.7.1994)			Enfant arrivé au foyer à partir du 1er janvier 1995.	624 F par mois versé pendant 6 mois.
Aide à la scolarité (loi du 25.7.1994)	Les ressources de la famille ne doivent pas dépasser un plafond qui varie avec le nombre d'enfants.		Pour tout enfant de 11 à 16 ans.	Versement en une fois. 2 taux : 16,4 % de la base mensuelle ou 52,57 %.

• *Allocations d'aide aux familles d'au moins 3 enfants*

Appellation	Minimum de ressources	Nombre d'enfants	Conditions particulières	Montant
Complément familial	Ne pas dépasser un plafond de ressources.	Au moins 3 enfants de plus de 3 ans.		Taux unique, quel que soit le nombre d'enfants = 41,65 % de la base mensuelle soit 866 F.
Allocation parentale d'éducation		Avoir au moins 2 enfants dont un de moins de 3 ans.	Avoir exercé une profession pendant 2 ans au cours des 5 ans précédents pour le 2e enfant ou 2 ans au cours des 10 ans précédents à partir du 3e enfant.	142,57 % de la base mensuelle, soit 2 964 F en cas de cessation totale d'activité (modulation en cas de cessation partielle d'activité).
Prime de déménagement		3 enfants au moins.		4 990 F 416 F par enfant supplémentaire.

• *Allocations liées à des situations particulières*

Appellation	Minimum de ressources	Nombre d'enfants	Conditions particulières	Montant
Allocation de soutien familial			Assumer seul la charge effective d'un enfant : – orphelin de père et mère ; – ou de l'un des deux parents ; – ou dont l'un des deux parents, en cas de divorce, ne paie pas la pension alimentaire.	Enfant privé de l'un de ses parents : 22,5 % de la base mensuelle = 468 F (par mois). Enfant privé de ses deux parents : 624 F (par mois) : 30 % de la base mensuelle.
Allocation de parent isolé	Revenu mensuel garanti : personne seule : 4 158 F ; femme enceinte : 3 118 F ; majoration par enfant : 1 039 F.	1 enfant au moins	Élever seul un ou plusieurs enfants.	Est égal à la différence entre les ressources mensuelles du bénéficiaire et le revenu mensuel garanti.
Allocation d'éducation spéciale			Assumer la charge de l'éducation d'un enfant infirme de moins de 20 ans ayant un taux d'incapacité supérieur à 50 %.	Allocation principale : 32 % de la base mensuelle, soit 665 F. Allocation complémentaire selon la catégorie : supplément de 24 à 72 %.
Allocation aux adultes handicapés	Ne pas dépasser un plafond de ressources.		Être atteint d'une incapacité d'au moins 80 % ; Avoir plus de 20 ans et moins de 60 ans.	3 231,91 F par mois au 1er janvier 1996.

Les allocations liées au logement

L'allocation de logement à caractère familial

But – aider partiellement au paiement du montant d'un loyer ;
– aider au remboursement d'un prêt en vue de l'accession à la propriété pour une résidence principale.

Conditions

L'allocataire :	**Le logement :**
– percevoir déjà une prestation familiale ; – avoir au moins 1 enfant à charge ; – être marié depuis moins de 5 ans, sans enfant et si les conjoints ont moins de 40 ans ; – avoir au foyer et à charge un ascendant de plus de 65 ans (ou 60 ans inapte au travail) ; – ne pas dépasser un plafond de ressources.	– avoir un certain confort (arrivée d'eau potable, w.c, chauffage) ; – avoir une surface minimale (qui est fonction du nombre d'occupants).

Montant de l'aide Le calcul du montant de l'allocation est complexe et tient compte des charges de logement, du nombre d'enfants à charge et des ressources.

L'aide personnalisée au logement (APL)

But Aider à payer un loyer ou l'achat d'une résidence principale, l'hébergement en foyer conventionné ou les frais engagés pour l'amélioration de l'habitat.

Conditions

- Les accédants à la propriété doivent bénéficier d'un prêt d'accession à la propriété (PAP) ou d'un prêt conventionné (PC).
- Amélioration de l'habitat : un prêt conventionné doit avoir été conclu.
- Il n'y a aucune condition particulière quant à la situation familiale.
- Un plafond de ressources est pris en compte.

Montant Il varie selon le nombre de personnes à charge.

L'allocation de logement sociale

But Aider toute personne qui ne bénéficie, ni de l'APL, ni de l'allocation de logement familiale, à condition que son revenu ne dépasse pas un certain montant.

Conditions

- La particularité de cette aide est qu'elle est accordée, pour la résidence principale, selon des critères différents selon le lieu de résidence du demandeur.
- Les étudiants, dont le bail est à leur nom, peuvent en bénéficier.
- Le logement doit répondre aux mêmes conditions de salubrité que pour l'allocation de logement familiale et les conditions de ressources sont les mêmes.

35

Les moyens sociaux de lutte contre le chômage

Le droit au travail est inscrit dans la Constitution. Pour le garantir, l'État est amené à intervenir par sa politique de l'emploi.

L'indemnisation des travailleurs sans emploi entre dans le cadre de cette politique ; la garantie des ressources des salariés, en cas de chômage, est assurée par :

- un régime d'assurance-chômage conventionnel ; il est financé par les employeurs et les salariés ;
- un régime de solidarité, financé par un Fonds de solidarité qui perçoit la contribution de solidarité des fonctionnaires et une subvention de l'État.

L'ASSURANCE-CHÔMAGE

Il s'agit d'un régime conventionnel négocié entre les organisations patronales et syndicales, avec agrément ministériel, qui prend en charge les allocations versées aux salariés ayant perdu leur emploi.

• *Organisations administratives*

• Les ASSEDIC (Associations pour l'emploi dans l'industrie et le commerce)

- Ce sont les associations chargées d'assurer la gestion des caisses de l'assurance-chômage.
- Elles sont administrées par un conseil d'administration paritaire (représentants des organisations syndicales de salariés et d'employeurs).

• L'UNEDIC (Union nationale pour l'emploi dans l'industrie et le commerce)

Elle est chargée de la coordination de l'action des ASSEDIC et des liaisons avec les pouvoirs publics.

Des commissions paritaires (nationale et locales) règlent les problèmes particuliers.

• *Financement*

Il est assuré par les cotisations des employeurs et des salariés.

• Droits d'entrée et contributions

Ils sont à la charge des employeurs ; ils doivent verser :

- un droit d'entrée, dont le montant est déterminé par l'UNEDIC ;
- des contributions patronales en cas de :
  - licenciement économique sans proposition de convention de conversion ;
  - rupture de contrat de travail d'un salarié âgé ;
  - rupture de contrat de travail ouvrant droit au bénéfice de l'AUD de base (voir p. 191), sans faute grave, démission, force majeure...

• Cotisations patronales et salariales

Ce régime d'assurance-chômage est financé par les contributions à la charge des employeurs et des salariés :

	En dessous du plafond de Sécurité sociale (13 540 F par mois)	**Entre le plafond Sécurité sociale et 4 fois le plafond**
Employeur **Salarié**	5,34 % 3,22 %	5,47 % 3,86 %

L'employeur doit déclarer aux ASSEDIC les rémunérations versées aux salariés et verser les cotisations qui en découlent (des sanctions pénales sont encourues).

Malgré ces charges, considérées comme lourdes par les entreprises et les salariés, les caisses sont largement déficitaires et l'État doit périodiquement verser des sommes importantes, afin que le chômage puisse être indemnisé.

• *Prestations*

Conditions d'attribution :

- avoir perdu involontairement son emploi (la démission légitime est cependant admise) ;
- justifier d'une durée d'affiliation au régime de l'UNEDIC suffisante (voir p. 192) ;
- ne pas avoir atteint l'âge de la retraite ;
- être inscrit comme demandeur d'emploi ;
- être physiquement apte à l'exercice d'un emploi ;

- être effectivement à la recherche d'un emploi (le contrôle de cette condition appartient à l'ASSEDIC) ;
- ne pas être chômeur saisonnier.

Les allocations (1) *(voir schéma p. 192)*

L'allocation unique dégressive (AUD)

Les anciennes allocations (allocation de base, allocation de base exceptionnelle, allocation de fin de droits) ont été supprimées en 1992 et remplacées par une allocation unique dégressive.

Montant de l'AUD

Elle comprend :

- une partie fixe : 56,95 F au 1er janvier 1996 ;
- + 40,4 %, du salaire journalier de référence (SRJ) ou 57,4 % du SRJ (le calcul le plus avantageux est retenu).

Minimum : 138,84 F au 1er janvier 1996. **Maximum :** 75 % du SRJ.

La dégressivité se calcule par périodes de 4 mois, en enlevant au montant précédent un pourcentage qui varie entre 8 % et 25 % (voir tableau p. 192).

Droits particuliers

Les chômeurs de longue durée, s'ils sont en cours d'indemnisation depuis un an au moins, ont droit au maintien de l'allocation jusqu'à l'âge où ils pourront bénéficier de la retraite de la Sécurité sociale à taux plein, ou, au plus tard, jusqu'à 65 ans :

- s'ils justifient d'une durée minimale d'appartenance au régime de l'UNEDIC ;
- à partir d'un certain âge (58 ans et 9 mois).

La dégressivité ne s'applique pas à l'allocation versée.

Revalorisation des allocations

La partie fixe est revalorisée chaque année, au 1er juillet.

Régime des allocations

Elles sont partiellement insaisissables, comme les salaires.

Elles sont soumises à l'impôt sur le revenu, comme les salaires. L'allocataire est assuré social.

---

(1) Notons qu'il est possible de travailler à temps partiel tout en continuant à être indemnisé, à condition de respecter des plafonds de rémunération et de durée du travail (pas plus de 78 heures par mois).

Durée des droits (Accord du 22 juillet 1993)

Durée d'affiliation [1]	Âge	Durée des droits
122 jours au cours des 8 derniers mois	—	4 mois ; –25 %
182 jours au cours des 12 derniers mois	—	4 mois, 3 mois ; –15 %
243 jours au cours des 12 derniers mois	– de 50 ans	4 mois, 11 mois ; –17 % –17 % –17 %
	50 ans et plus	7 mois, 14 mois ; –15 % –15 % –15 % –15 %
426 jours au cours des 24 derniers mois	– de 25 ans	7 mois, 23 mois ; –17 % –17 % –17 % –17 % –17 % –17 %
	25 à 49 ans	9 mois, 21 mois ; –17 % –17 % –17 % –17 % –17 % –17 %
	50 ans et plus	15 mois, 30 mois ; –15 % –15 % –15 % –15 % –15 % –15 % –15 % –15 %
821 jours au cours des 36 derniers mois	50 à 54 ans	20 mois, 25 mois ; –15 % –15 % –15 % –15 % –15 % –15 % –15 %
	55 ans et plus	27 mois, 33 mois ; –8 % –8 % –8 % –8 % –8 % –8 % –8 % –8 % –8 %

Légende : Allocation à taux plein (thick line) ; Allocation dégressive (thin line)

(1) Tout salarié est affilié.

LE RÉGIME DE SOLIDARITÉ

L'allocation d'insertion

Bénéficiaires

- certains détenus libérés ;
- les personnes en attente de reclassement ou de réinsertion qui ne peuvent prétendre aux allocations de l'assurance-chômage (victimes d'accidents du travail, certains salariés expatriés, apatrides ou réfugiés ayant sollicité l'asile en France).

Conditions

- être âgé de moins de 60 ans (ou 65 ans) ;
- être à la recherche d'un emploi ;
- être apte au travail ;
- bénéficier de ressources inférieures à un certain plafond.

L'inscription comme demandeur d'emploi doit être faite dans les 12 mois.

La durée de l'allocation est de 1 an, le versement se fait par périodes de 6 mois, après examen de la situation (notamment, les ressources du demandeur ne doivent pas dépasser un plafond).

Le montant de l'allocation est fixé par décret (43,70 F au 1er janvier 1996).

Allocation de solidarité

Bénéficiaires

Les chômeurs qui ne sont plus pris en charge par le régime d'assurance parce qu'ils ont épuisé les durées maximales d'indemnisation.

Conditions

- avoir travaillé au moins 5 ans dans les 10 ans précédant la date de rupture du contrat ;
- ne pas disposer de ressources supérieures à un certain plafond.
- être apte à occuper un emploi et être à la recherche d'un emploi.

Montant

74,01 F par jour au 1er janvier 1996 (106,30 F pour les bénéficiaires de 55 ans ou plus justifiant de 20 années d'activité salariée ou plus de 57 ans et demi et justifiant de plus de 10 ans de travail salarié).

Durée

6 mois, renouvelables.

MESURES INCITATIVES EN FAVEUR DES DEMANDEURS D'EMPLOI

• Aides à l'emploi

Aides à la création d'entreprise	Création ou reprise d'entreprise par les chômeurs (dernier décret : 9 avril 1996). Dossier présenté à un comité départemental	– Aide forfaitaire de 32 000 F au 1er mai 1996. – Exonération des cotisations sociales pendant 12 mois. – Chéquier-conseil donnant droit à des heures de formation à la gestion. – Couverture sociale gratuite pendant 12 mois.
	Livret d'épargne-entreprise	Dépôt de sommes portant intérêt, donnant droit à un prêt à l'issue d'un délai de 2 ans.
	Congé pour création d'entreprise	Voir p. 87.
	Déblocage anticipé de la participation	Voir p. 108.

Aides à la création d'emplois	Aides pour tout emploi	– Prime de développement régional : 50 000 à 70 000 F par emploi créé dans une zone géographique classée.
		– Réduction des cotisations patronales de Sécurité sociale sur les bas salaires.
		– Exonération des cotisations d'allocations familiales sur les bas salaires.
		– Exonération de la part patronale des cotisations sociales pendant 24 mois (CDI) ou 18 mois (CDD) pour l'embauche :
		  – d'un 1er salarié,
		  – d'un 2e ou 3e salarié.
		– Exonération des charges sociales pour l'embauche compensatrice d'un salarié en congé parental d'éducation (voir p. 87) ou travaillant à temps partiel (voir p. 48).
		– Développement de l'emploi en contrepartie de la cessation d'activité de salariés totalisant 160 trimestres et plus de cotisations vieillesse (arrêté du 18 mars 1996).

Aides à la création d'emplois (suite)	Aides à l'insertion professionnelle des jeunes et des demandeurs d'emploi	– Contrat d'adaptation (voir p. 28). – Contrat d'apprentissage (voir p. 24). – Contrat initiative-emploi (voir p. 187). – Contrat d'orientation (voir p. 29). – Contrat de qualification (voir p. 29). – Aide au premier emploi des jeunes : de 1 000 à 3 000 F par mois selon le niveau de qualification. – Contrat emploi-solidarité (CES) (voir p. 196). – Aides à l'embauche à l'issue d'un CES.
	Emploi par les particuliers	– Prise en charge des cotisations pour l'emploi d'une assistance maternelle agréée. – Chèque emploi service (voir p. 103). – Déductions fiscales.
Aides à la gestion de l'emploi	Aides au conseil	– Entreprises de moins de 500 salariés : diagnostic court, conseil en matière d'organisation du travail. – Entreprises de moins de 300 salariés connaissant des difficultés économiques.
	Aides aux mutations professionnelles : reclassement, formation, conversion	– Convention de conversion (voir p. 61). – Convention FNE : – formation et adaptation, – cellule de reclassement, – aide au passage à temps partiel (voir p. 48), – aide à la mobilité géographique.

• *Stages de formation-reclassement*

Bénéficiaires	– Salariés dont le contrat de travail a été rompu, bénéficiant de l'AUD, en vue d'accéder à des emplois exigeant une qualification différente ; – Travailleurs non salariés, pour accéder à de nouvelles activités professionnelles.
Stages	– Ils sont organisés par un organisme de formation agréé ou par des établissements d'enseignement. – Le choix de l'action est fait au terme d'une procédure de bilan évaluation-orientation, mise en œuvre par l'ANPE. – Leur durée est de 40 heures à 1 an (exceptionnellement : 3 ans).

Allocation de formation-reclassement	Elle est égale à l'AUD ; la rémunération est prise en charge à 80 % par l'État. L'allocataire peut percevoir des indemnités de transport et d'hébergement, s'ils sont nécessaires à la formation.
Allocation de fin de stage	Elle est versée lorsqu'un demandeur d'emploi a épuisé la durée totale d'indemnisation au titre de l'AUD à laquelle il pouvait prétendre et lorsque sa formation n'est pas achevée. Il perçoit l'allocation de fin de stage jusqu'à la fin de la dernière action prévue au plan de formation.

• Contrats « emploi-solidarité » (CES)

Bénéficiaires	– Jeunes de 18 à 26 ans rencontrant des difficultés particulières d'insertion ; – bénéficiaires du RMI ; – chômeurs de plus de 50 ans ou chômeurs de longue durée (12 mois dans les 18 derniers mois) ; – handicapés. – bénéficiaires de l'AS (voir p. 193).
Durée	Déterminée : 24 mois maximum, et à temps partiel 20 heures par semaine.
Statut	Salarié (1).
Formation	Facultative.
Rémunération	Elle ne peut être inférieure au SMIC.

La loi du 20 décembre 1993 prévoit des exonérations de charges sociales pour l'employeur qui embauche à l'issue d'un CES.
Le gouvernement mis en place en mai 1995 prévoit la création d'un contrat « initiative-emploi » destiné aux chômeurs de longue durée.

Existent également des stages gérés par l'ANPE :
- stages d'accès à l'entreprise,
- stages d'insertion et de formation à l'emploi (SIFE).

Les dépenses sont prises en charge par l'État.

(1) L'employeur doit être une collectivité locale ou un établissement public.

Pour les contrats concernant les jeunes (contrats d'insertion en alternance) :
- contrat d'adaptation,
- contrat d'orientation,
- contrat de qualification,

voir p. 28 et 29.

• Contrats initiative-emploi

Le contrat initiative-emploi est en vigueur depuis le 1er juillet 1995.
Il vise à faciliter l'insertion de personnes rencontrant des difficultés particulières pour accéder à l'emploi.
Il remplace le CRE (contrat de retour à l'emploi) et le CERMI (contrat pour l'emploi des bénéficiaires du RMI).

Employeurs	– Toutes les entreprises de Métropole assujetties au régime d'assurance-chômage ; les employeurs particuliers sont exclus. – Les entreprises concernées ne doivent pas avoir procédé à un licenciement économique dans les 6 mois précédent.
Bénéficiaires	– Chômeurs inscrits à l'ANPE pendant au moins 12 mois durant les 18 mois précédant l'embauche ; – les handicapés ; – les femmes isolées ; – les attributaires de l'allocation de solidarité ; – les demandeurs d'emploi de plus de 50 ans ; – les détenus libérés. – Un CIE peut être conclu avec le même employeur après un CES, un contrat d'insertion, un CDD.
Formalités	– Convention avec l'agence locale de l'ANPE. – Contrat écrit sur un imprimé type. – Les représentants du personnel doivent être informés.
Contrat, durée	Il peut être à durée indéterminée ou un CDD de 12 à 24 mois salarié.
Statut du travailleur	C'est un salarié ; il est exclu du calcul de l'effectif, sauf pour la tarification des accidents du travail.
Formation	Le salarié en CIE peut bénéficier d'une formation et d'un tutorat.
Aide de l'État	– Aide forfaitaire (environ 2 000 F par mois pendant 24 mois). – Exonération plafonnée des cotisations patronales de la Sécurité sociale. – Aide à la formation (50 F par heure) et au tutorat (3 500 F).
Rémunération	Ne peut être inférieure au SMIC.

• *Tentative de bilan*

Ces différentes mesures ont eu des effets positifs, mais font cependant l'objet de critiques :

- depuis l'entrée en vigueur du contrat initiative-emploi, le 1er juillet 1995, plus de 270 000 contrats ont été signés, mais seulement le cinquième de ces contrats, d'après les observateurs, correspondent à des créations d'emploi ;
- plus généralement, ces mesures apparaissent comme coûteuses, eu égard à leur efficacité ; leur nombre et leur complexité semblent aussi avoir déclenché un phénomène de « course à la prime » (qui ne s'accompagne pas nécessairement de créations d'emplois).

Prévues pour protéger les plus vulnérables (en instaurant des discriminations positives), elles modifient fortement le marché du travail.

36

Le chômage partiel

Il y a chômage partiel lorsque le salarié subit une perte de salaire imputable à une réduction d'horaire au-dessous de 39 heures par semaine (en cas de fermeture temporaire de l'entreprise — sauf conflit collectif —, à une diminution d'activité due à la conjoncture économique...).

Il est prévu un double système d'indemnisation :

	Aide publique	Indemnisation complémentaire
Bénéficiaires	Tous les salariés subissant une perte de salaire dans les cas ci-dessus.	Les salariés subissant une perte de salaire, dans les cas ci-dessus, et qui travaillent dans une entreprise affiliée au CNPF (qui a signé la convention).
Montant	18 F de l'heure, du 1er juillet au 31 décembre 1995 dans la limite de 600 heures par an.	La moitié de la rémunération horaire brute sous déduction de l'allocation d'aide publique.
Versement	Par l'employeur.	Par l'employeur.
Prise en charge par l'État	Remboursée à l'employeur par l'État.	Prise en charge partielle par l'État, sous certaines conditions.

Une rémunération mensuelle minimale est garantie aux salariés, correspondant au montant mensuel du SMIC.

• Le TRILD (temps réduit indemnisé de longue durée)

Le TRILD, mis en place par la loi du 20 décembre 1993, consiste à verser des allocations aux salariés dont le temps de travail et les salaires sont réduits du fait d'une baisse d'activité prolongée et prévisible de leur entreprise.

Le TRILD se met en place pour une période de 12 à 18 mois, au cours de laquelle 1 200 heures au maximum pourront ne pas être travaillées.

Pour chaque heure non travaillée, le salarié perçoit une indemnité égale à 50 % de sa rémunération brute antérieure (avec un seuil minimal de 29 F par heure).

Le financement est réparti entre l'État et l'UNEDIC.

37

La préretraite

Depuis le 1er avril 1983. les personnes âgées de plus de 60 ans et justifiant d'un certain nombre d'années de cotisations, bénéficient d'une pension de retraite a taux plein. Cependant, l'augmentation du nombre de demandeurs d'emploi a incité le gouvernement à favoriser les départs en retraite avant 60 ans ; les « préretraités » peuvent bénéficier de certaines allocations :

EN CAS DE LICENCIEMENT ÉCONOMIQUE

Dans les entreprises qui ont signé une *convention* avec le *Fonds national de l'emploi,* certains salariés ont le droit de se mettre en préretraite et de percevoir une allocation spéciale.

- **Conditions**

  Le salarié doit :
  - être âgé de plus de 56 ans ;
  - s'il est âgé de plus de 60 ans, ne pas pouvoir justifier de 160 trimestres au titre de l'assurance vieillesse ;
  - avoir adhéré personnellement à la convention signée entre l'employeur et l'État ;
  - avoir appartenu pendant au moins 10 ans à un ou plusieurs régimes de Sécurité sociale ;
  - avoir travaillé dans l'entreprise de façon continue pendant au moins 1 an ;
  - ne pas bénéficier d'une pension vieillesse pour inaptitude ;
  - n'avoir aucune autre activité professionnelle.

- **Montant**
  - 65 % du salaire journalier de référence, dans la limite d'un plafond, 50 % pour la fraction supérieure.

  Elle cesse d'être versée dès que le salarié a droit à la retraite à taux plein.

- **Financement**

  – une participation du salarié et de l'entreprise représentant 3 % du salaire de référence ;
  – une participation de l'État ou de l'UNEDIC pour la différence.

EN CAS DE PRÉRETRAITE PROGRESSIVE

Une convention de préretraite progressive peut être conclue entre l'État et l'entreprise. Le projet de convention doit être soumis au CE et aux délégués du personnel.

Conditions à remplir par le salarié

- Elles sont les mêmes que dans le cas de la préretraite pour licenciement économique, sauf les conditions d'âge : 55 ans et, pour les salariés de plus de 60 ans, ne pas pouvoir justifier de 160 trimestres de cotisations.
- La durée du travail accomplie par le salarié doit être de 40 à 50 % de la durée antérieure du travail à plein temps.

Montant de la rémunération

30 % du salaire journalier de référence dans la limite d'un plafond et 25 % au-dessus.

Embauches complémentaires

L'entreprise qui signe une convention de préretraire doit, en contrepartie :

– soit embaucher, par un contrat à durée indéterminée, un nouveau salarié,
– soit verser une contribution financière.

38

L'allocation de revenu minimum d'insertion (RMI)

(lois du 1er décembre 1988 et du 29 juillet 1992)

Bénéficiaires	Chaque personne doit, grâce au RMI, bénéficier de ressources égales à 2 374,50 F par mois (pour une personne seule) au 1er janvier 1996. Conditions : – être âgé de plus de 25 ans ou avoir un ou plusieurs enfants à charge – s'engager à participer à des actions d'insertion sociale ou professionnelle – pour les étrangers : avoir un titre de séjour de 3 ans au moins.
Montant	Il correspond à la différence entre le montant du revenu minimum et les ressources du ou des bénéficiaires. Il varie en fonction de la composition du foyer et du nombre de personnes à charge.
Durée	Initiale : 3 mois, elle peut être prolongée pour une durée de 3 mois à 1 an.
Formalités à accomplir	La demande doit être formulée auprès des services d'action sociale ; une commission locale d'insertion centralise le traitement des dossiers.
Versement	Il est mensuel et effectué par les caisses d'allocations familiales.

Les bénéficiaires, s'ils n'ont pas de couverture sociale, sont affiliés automatiquement à l'assurance maladie.

• *Le contrat d'insertion*

C'est un contrat passé entre l'allocataire et la commission locale d'insertion et qui prévoit :

– pour la commission : l'obligation de proposer à l'allocataire un projet d'insertion ; compte tenu des possibilités et aspirations de l'allocataire ;
– pour l'allocataire : l'obligation d'accomplir les démarches et activités entrant dans le projet ; en cas de non respect du contrat, le versement de l'allocation peut en principe être suspendu.

Index alphabétique

Composition : Ed. du Mouflon (46 58 27 43)

Reproduit et achevé d'imprimer en juillet 1996
dans les ateliers de Normandie Roto Impression s.a.
61250 Lonrai

N° d'imprimeur : 961289
Dépôt légal : juillet 1996